普通高等学校公共课系列教材

大学生创新创业基础

■ 主　编　李春辉　张　丽　杨　霄
■ 副主编　袁　梦　赵俊哺　王馨然　孙耀东　王志新

西安电子科技大学出版社

内容简介

　　本书是为大学生及青年创业者编写的指导手册，其内容全面而系统，主要包括创业导论、创业环境分析、创业机会识别、创业者和创业团队、创业商业模式、创业资源、创业融资、创业风险防范以及创业计划书等内容。每章均围绕明确的学习目标展开，结合课程知识与实践训练，旨在帮助读者深入理解创业的核心概念，并掌握从创意到实施的具体步骤。

　　本书适用于对创新创业感兴趣的在校大学生以及已经进入职场但希望实现职业转型的青年人。它不仅提供了系统的理论知识，还通过丰富的案例研究和实战练习，帮助读者将理论应用于实践，培养创新思维和解决问题的能力，为未来的创业之路打下坚实的基础。

图书在版编目（CIP）数据

　　大学生创新创业基础/李春辉，张丽，杨霄主编. -- 西安 ：西安电子科技大学出版社，2025. 5(2025.8 重印). -- ISBN 978-7-5606-7610-4

　　Ⅰ. G647.38

　　中国国家版本馆 CIP 数据核字第 2025E9E705 号

DAXUESHENG CHUANGXIN CHUANGYE JICHU

策　　　划　吴祯娥　秦少伯
责任编辑　吴祯娥
出版发行　西安电子科技大学出版社（西安市太白南路 2 号）
电　　　话　(029) 88202421　88201467　　邮　　编　710071
网　　　址　www. xduph. com　　　　　电子邮箱　xdupfxb001@163. com
经　　　销　新华书店
印刷单位　陕西天意印务有限责任公司
版　　　次　2025 年 5 月第 1 版　　2025 年 8 月第 2 次印刷
开　　　本　787 毫米×1092 毫米　1/16　　印　　张　9.5
字　　　数　222 千字
定　　　价　48.00 元
ISBN 978-7-5606-7610-4
XDUP 7911001-2

前　言

创新是驱动社会进步的强劲引擎，创业则是将创新智慧转化为现实价值的璀璨桥梁。作为新时代的先锋力量，大学生群体承载着推动社会创新、引领未来发展的重要使命。我们正是基于这样的背景编写了本书，旨在搭建一座连接理论与实践的坚实桥梁，助力广大学子掌握创新创业的精髓与技能，激发他们的潜能，为其未来的职业生涯奠定坚实的基础。

全书内容严谨，结构清晰，共分为九章，全面覆盖了从创业基础到计划书撰写的各个环节；涵盖创业环境分析、机会识别、团队建设、商业模式构建、资源获取与融资途径、风险防范等核心内容，以确保对创业过程的全方位解读。各章节均围绕"学习目标""课程知识"与"实践训练"三大核心板块展开，形成一个闭环式学习体系，帮助学生在深入理解和掌握创业理论知识的基础上，同步提升实战能力。

本书既重视理论知识的系统性，又强调实践环节的重要性，通过精选的案例分析、实用的技巧分享以及富有成效的实践训练，引领学生深刻体验创业活动的独特魅力。同时，本书紧跟时代发展趋势，融入当前最新的创业理念与实战经验，以确保内容的时效性与实际应用价值。

本书采用"理论＋实践"的编写模式，旨在通过明确的学习目标引导学生精准把握关键知识点，通过深入浅出的课程知识阐述创新创业的核心理念，并通过实践训练环节鼓励学生将所学知识转化为实际行动。此外，本书还特别强化了对风险意识与应对能力的培养，旨在为创业者的创业过程提供坚实的支持与保障。

本书的编写工作汇聚了团队的集体智慧与努力。李春辉负责把握全书的架构与内容布局，杨霄负责编写第一章、第二章，张丽负责编写第三章，袁梦负责编写第四章，赵俊哺负责编写第五章、第六章，王馨然负责编写第七章，孙耀东负责编写第八章，王志新负责编写第九章。

在本书的编写过程中，我们得到了许多专家学者、朋友，以及西安电子科技大学出版社编辑的大力支持和帮助，在此向他们表示由衷的感谢！此外，在编写过程中，我们也参考了一些同类教材和资料，在此向这些文献的作者致以诚挚的谢意！

由于编者能力有限，书中难免存在不足之处，恳请广大读者批评指正。

编　者
2024 年 9 月

目 录

01

第一章 创业导论

（1）知识目标：了解创业的历史与趋势，理解创业的概念与内涵，掌握创业的基本要素，熟悉创业生态系统。

（2）能力目标：提高信息获取与分析能力，培养创新思维与解决问题的能力，提升团队协作能力。

（3）思政目标：培养创业精神与责任感，树立正确的创业观念。

课程知识

第一节 创业的概念

创业是一个多维度、复杂且富有挑战性的概念，它涵盖了从创新、机会识别到资源整合、价值创造等多个方面。创业的概念有狭义和广义之分。狭义的创业通常指创建新企业，而广义的创业则涵盖了所有形式的创新和创造活动，不仅限于新企业的创建。创业可以发生在各个领域和行业，包括传统行业、新兴行业以及社会公益事业等。

在过去的几十年里，国内外许多学者从不同的研究视角对创业不断赋予新的诠释。

1934年，熊彼特（Schumpeter）首次在学术界提出了"创业"这一概念，他认为创业的过程与创新的过程是等同的，创业者就是创新者，通过创新来克服自由市场经济的内在矛盾。这一观点为创业研究奠定了重要基础。

霍华德·史蒂文森（Howard H. Stevenson）提出，"创业是一种管理方式，即对机会的追踪和捕获的过程，这一过程与其当时控制的资源无关"。他认为创业是组织或个人在不受当前资源条件限制的情况下，探寻机会、组合资源以开发和利用这些机会，并创造价值的过程。这一观点强调了创业过程中机会的重要性，以及创业活动并不完全受限于创业者当前所控制的资源。

杰弗里·蒂蒙斯(Jeffry A. Timmons)在创业教育领域的经典教科书《创业创造》(*New Venture Creation*)中定义创业为"一种思考、推理结合运用的行为方式，需要在方法上全盘考虑并拥有和谐的领导能力"。他进一步指出，创业是机会驱动、注重方法和与领导相平衡的行为方式，旨在产生、增加、实现和更新价值。他认为创业是一种受机会制约的方法，要求创业者具备完整、缜密的实施方法和讲求高度平衡的领导艺术。这意味着创业者需要具备全面的能力，包括战略规划、市场分析、团队管理、财务管理等，以确保企业的成功。

基于前人的研究成果，本书将从机会视角、价值视角、创新视角以及风险视角深入探讨创业的概念。

一、机会视角

创业的核心在于识别和抓住商业机会。创业者需要敏锐地观察市场变化，发现潜在的商业机会，并通过创新的方式将这些机会转化为实际的价值。在这一过程中，创业者需要展现出对市场动态的敏感度和对未来趋势的洞察力。

二、价值视角

创业是以盈利和创造价值为目的的经济活动。创业者通过提供独特的产品或服务，满足市场需求，从而创造经济价值。同时，创业活动还能带来社会价值的提升，如解决就业问题、推动社会进步等。

三、创新视角

创业是开创新业务、创建新组织、组建新团队的过程。这要求创业者具备创新思维和创新能力，能够不断推动产品和服务的创新，以满足市场需求的不断变化。同时，创业者还需要构建一个高效、协作的团队，共同推动企业的发展。

四、风险视角

创业是风险管理活动。在创业过程中，创业者会面对各种不确定性和风险，如市场风险、技术风险、财务风险等。创业者需要具备风险意识和风险管理能力，能够合理规避和化解风险，确保企业的稳健发展。

综上所述，创业是一个多维度的概念，涵盖了机会识别、价值创造、创新以及风险管理等多个方面。创业者需要具备全面的能力和素质，以应对创业过程中的各种挑战和不确定性。同时，政府和社会也应该为创业者提供支持和帮助，营造良好的创业环境，推动创业活动蓬勃发展。

第二节 创业的要素

创业是一个高度动态且复杂的过程，它涉及众多因素的相互作用和平衡。杰弗里·蒂蒙斯的创业理论模型强调了创业机会(商机)、创业团队和创业资源作为创业成功的三个核心驱动要素的重要性。创业过程依赖这三个驱动要素的匹配和平衡。蒂蒙斯的创业理论模型如图1-1所示。

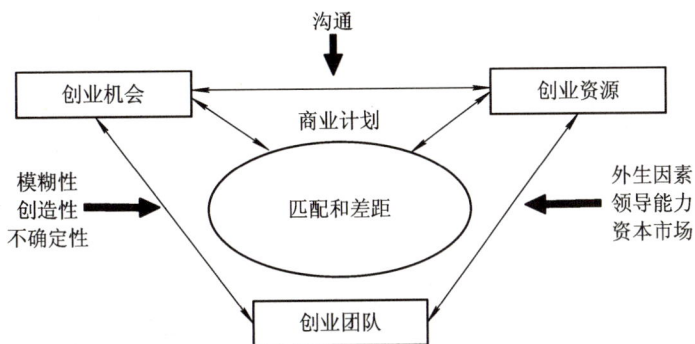

图1-1 蒂蒙斯的创业理论模型

杰弗里·蒂蒙斯认为，创业是一个不断寻求平衡的动态过程。随着时空的变迁和市场环境的变化，商机的模糊性、市场的不确定性以及资本市场的风险等因素会对创业活动造成冲击。此时，创业带头人和创业团队需要发挥关键作用，协调创业机会和创业资源的平衡，以应对创业过程中的各种挑战和机遇。

一、商机

商机是创业过程的起点，没有好的商机，创业活动就无从谈起。商机并非凭空产生，而是需要创业者通过市场调研、分析消费者需求、观察行业趋势等多种方式来发现和挖掘的。商机的评估是创业过程中的重要环节。创业者需要运用自己的商业洞察力和市场分析能力，对商机进行深入剖析，判断其是否具有市场潜力、盈利潜力和可行性。商机的选择需要考虑多种因素，包括市场需求、市场规模、竞争状况、技术可行性、法律法规等。只有综合考虑这些因素，才能选择出真正具有潜力的商机。

二、创业资源

创业资源是创业过程中的重要支撑，包括资金、人才、技术、设备、场地等。创业资源的充足与否直接影响到创业活动能否顺利进行和企业能否持续发展。

在创业初期，创业者往往面临资源短缺的问题。因此，创业者需要学会合理利用和配置资源，通过创新的方式节约资源、降低成本，提高企业的竞争力。同时，创业者也需要积极寻求外部资源的支持，如政府政策扶持、风险投资、合作伙伴等。这些外部资源能够为创业者提供必要的资金、技术和管理支持，帮助企业快速成长。

三、创业团队

创业团队是创业过程中的关键因素，一个优秀的创业团队能够为企业带来无限的可能性和创造力。创业团队成员之间需要相互信任、协作和配合，共同面对创业过程中的挑战和困难。创业团队的组建需要考虑团队成员的技能、经验、性格和价值观等因素。

一个多元化的团队能够为企业带来不同的观点和思路，有助于企业做出更明智的决策。创业团队还需要具备高度的凝聚力和执行力，能够迅速响应市场变化和企业需求，及时调整战略和方案。同时，团队成员也需要不断学习和成长，提高自身的综合素质和能力。

在创业过程中，商机、创业资源和创业团队三个要素是相互关联、相互影响的。创业者需要不断寻找和评估商机，合理利用和配置创业资源，构建和优化创业团队，以实现企业的持续发展和成功。同时，创业者也需要不断适应市场变化和企业需求，保持创新和灵活性，以应对各种挑战和机遇。

第三节　创业者素质

创业是一个充满挑战和风险的过程，要求创业者不仅要有远见和决心，还要具备多方面的素质来应对各种困难和挑战。研究表明，创业者的个人素质对于创业的成功与否有着至关重要的影响。这些素质可以大致归纳为知识、能力、心理和伦理四个方面。

一、知识素质

创业者需要具备广泛而深入的知识基础。这不仅包括对所在行业、市场和产品的了解，还包括对经营管理、相关法律，以及经济、金融、保险等方面知识的掌握。在快速变化的市场环境中，创业者还需要具备持续学习和吸收新知识的能力，以便及时调整策略，抓住新的商机。

1. 经营管理知识

掌握经营管理知识是创业者必须具备的核心能力之一。这包括对企业运营各个环节，如生产管理、市场营销、人力资源管理、财务管理等的深入了解。

生产管理涉及产品从原材料到成品的整个制造过程，包括生产计划、质量控制、生产成本控制等。市场营销涉及产品推广、品牌建设、市场调研、销售策略等方面，确保产品能够顺利进入市场并获得消费者认可。人力资源管理涉及招聘、培训、绩效考核、员工激励等方面，确保企业拥有一支高效、团结的团队。财务管理涉及资金筹集、预算编制、成本控制、税务筹划等方面，确保企业资金流动畅通，实现盈利。

2. 相关法律知识

市场经济是法治经济，因此创业者需要对企业活动所涉及的法律知识有所了解，包括公司法、合同法、税法、劳动法、知识产权法等。了解这些法律知识有助于创业者在企业注册、合同签订、员工管理、税务申报等方面避免法律风险，确保企业合法合规经营。同时，创业者还需要关注政策动态，以便及时调整企业战略，抓住政策机遇。

3. 经济、金融、保险知识

创业者需要具备一定的经济、金融、保险知识，以便更好地进行资金运作和风险管理。

经济知识有助于创业者了解宏观经济形势和行业发展趋势，为企业战略决策提供有力支持。金融知识涉及资金筹集、投资、融资等方面，有助于创业者优化企业资金结构，降低融资成本，提高资金使用效率。保险知识有助于创业者了解各类保险产品，为企业和员工提供有效的风险保障。通过购买适当的保险产品，创业者可以规避一些潜在风险，减轻企业负担。

综上所述，创业者需要具备经营管理、相关法律、经济、金融、保险等多方面的知识，以便更好地应对创业过程中的各种挑战和风险。通过不断学习和实践，创业者可以提升自己的综合素质和能力，为企业的长远发展奠定坚实基础。

二、能力素质

创业是一项充满挑战的社会实践活动，它不仅要求创业者具备深厚的专业知识，还需要展现其智慧、才能、气魄和胆识。大学生如果希望在未来成为一名成功的企业家，必须首先掌握和培养企业家的基本素养。正如美国创业家马丁·J.格伦德所指出的，成功的创业者应当具备"九大能力素质"，即选择一个爱好，制定一个目标，拿着薪水学习，与成功者为伍，相信自己，以己之长发财致富，敢于提问，不循规蹈矩、不墨守成规和努力工作。概括而言，创业者的基本能力素质包括学习能力、决策能力、创新能力、专业技术能力和人际交往能力。

1. 学习能力

学习能力是创业者适应不断变化的市场环境、把握新技术和新趋势的关键。一个具备强大学习能力的创业者能够迅速吸收新知识，并将其应用于企业运营中，推动企业不断创新和发展。创业者应培养终身学习的态度，持续学习行业知识、管理技能、市场趋势等，不断提升自己的综合素质。

2. 决策能力

决策能力是创业者面对复杂市场环境时，能够迅速、准确地做出判断并付诸行动的能力。它关系到企业的战略方向、市场定位、产品开发等重要决策。创业者应培养敏锐的洞察力，善于捕捉市场机会，同时也要有风险意识，能够权衡利弊，做出明智的决策。

3. 创新能力

创新能力是创业者在激烈的市场竞争中脱颖而出的关键。它要求创业者能够突破传统思维，提出新颖的想法和解决方案，引领市场潮流。创业者应培养创新思维，关注行业发展趋势，勇于尝试新的商业模式、产品和服务，不断为企业注入新的活力。

4. 专业技术能力

专业技术能力是创业者在特定领域所具备的专业知识和技能。它是创业者开展业务、解决技术难题的基础。创业者应深入了解所从事行业的专业知识和技能，不断提升自己的专业水平，确保企业在技术上的领先地位。

5. 人际交往能力

人际交往能力是创业者与各方建立良好关系、实现资源共享和互利共赢的关键。它要求创业者具备良好的沟通技巧、团队协作能力和领导力。创业者应培养广泛的人脉资源，与合作伙伴、投资人、客户等建立长期稳定的合作关系，共同推动企业的发展。

总之，这五种能力相互关联、相互促进，共同构成了创业者的核心竞争力。创业者应不断提升自己的综合素质和能力水平，以应对日益激烈的市场竞争和不断变化的市场环境。

三、心理素质

创业过程中会遇到各种预料之外的困难和挫折，这就要求创业者必须具备坚韧不拔的意志和积极乐观的心态。同时，创业者还需要具有良好的自我控制能力，能够在压力下保持冷静，做出明智的决策。此外，对于创业失败的可能性，创业者也要有充分的认知和准备，能够从失败中汲取教训，重新站起来。基于此，创业者需要具备一系列关键的心理素质，以应对创业过程中出现的各种挑战和不确定性。

1. 独立性

独立性是创业者能够独立思考、判断、选择和行动的能力。在创业过程中，创业者需要摆脱传统思维的束缚，树立自己的思想体系和价值观。面对新行业和新机遇时，创业者应敢于尝试，不盲目跟随他人，而是基于自己的分析和判断做出决策。

2. 敢为性

敢为性是指创业者敢于冒险、敢于实践的精神品质。在创业过程中，机遇与风险并存，创业者需要具备足够的胆识和勇气，将理想变为现实。同时，创业者还需要对风险进行合理评估，确保在可控范围内进行冒险。

3. 坚韧性

坚韧性是创业者在面对困难和挫折时能够坚持不懈、持之以恒的精神品质。创业是一项长期且充满挑战的工作，需要创业者具备强大的抗压能力。在创业过程中，无论遇到多大的困难，创业者都需要保持对目标的执着追求，不断努力、不断尝试，直到成功为止。

4. 自制性

自制性是创业者控制和协调自己情感、思想和行为的能力。在创业过程中，创业者需要善于控制自己的情绪，保持冷静和理智。同时，创业者还需要根据社会规范和自己的利益来约束自己的言行，确保自己的经营行为合法合规。

5. 适应性

适应性是创业者面对不断变化的市场和竞争环境时能够迅速调整自己的能力和策略的

心理素质。在信息时代，市场变化迅速，创业者需要具备敏锐的洞察力和应变能力，及时捕捉市场机遇，调整经营策略，以适应不断变化的市场需求。

6. 合作性

合作性是创业者善于与他人沟通和合作的心理品质。在创业过程中，创业者需要摒弃"同行是冤家"的狭隘观念，学会与他人分享资源和经验。通过合作，创业者可以弥补自己的不足，拓展业务渠道，提高经营效率。同时，合作还可以增强创业者的心理力量，共同面对困难和挑战。

总之，独立性、敢为性、坚韧性、自制性、适应性和合作性是创业者必须具备的心理素质。这些素质共同构成了创业者的核心竞争力，是创业成功的关键因素。

四、伦理素质

在追求商业成功的同时，创业者还必须坚守道德底线，遵循商业伦理。这包括诚实守信、尊重他人、承担社会责任等方面。一个具备高尚伦理素质的创业者，不仅能够赢得客户和合作伙伴的信任，还能够为企业树立良好的社会形象，为企业的长远发展奠定坚实的基础。

1. 平等精神

在社会主义市场经济中，平等精神是创业伦理的核心之一。它要求企业在经营和竞争中，无论是企业之间还是企业与消费者之间都应保持权利的对等。这意味着所有企业，无论其所有制、规模还是行业，都应在相同的规则和法律规范下运营。同时，企业还需重视和保护消费者的主体权利，确保消费者的利益不受侵害。在企业内部，平等精神则体现为员工之间的人格平等，无论职位高低、权力大小，都应相互尊重、平等对待。

2. 公平精神

公平精神是商业活动中不可或缺的原则。创业者应清醒地认识到公平交易的重要性，遵循价值规律，确保商品和金钱之间的等价交换。这种公平不仅体现在价格上，还涉及交易过程中的信息透明、权利义务的明确等方面。只有保持公平，才能赢得消费者的信任，建立企业的良好声誉。

3. 互利精神

随着企业日益成为社会大系统的一部分，创业者需要具备互利精神。这意味着企业在追求自身发展的同时，也要关注其他利益相关者（如员工、顾客、竞争者、供应商和社会公众等）的利益。通过互利合作，企业可以建立稳定的供应链和客户关系，实现共赢发展。同时，企业还应积极承担社会责任，为社会做出贡献。

4. 诚信精神

诚信精神是市场经济的基石。在市场经济中，企业的声誉和形象对于其长期发展至关重要。创业者应坚守诚信原则，以诚信为本，赢得消费者的信任和支持。同时，企业还应注重内部管理，确保产品质量和服务质量，树立良好的企业形象。通过诚信经营，企业可以赢得市场的认可，实现可持续发展。

总之，平等精神、公平精神、互利精神和诚信精神是创业者必须具备的伦理素质。这些精神不仅有助于企业建立良好的声誉和形象，还能促进企业的长期发展。在创业过程中，创业者应始终坚守这些原则，确保企业的稳健运营和可持续发展。

综上所述，成功的创业者不仅要有远见卓识和坚定的决心，还需要在知识积累、能力提升、心理建设和伦理坚守等多个维度不断修炼自我，以应对创业道路上的各种挑战，实现企业的长期稳定发展。通过全面培养这些素质，创业者可以更好地准备自己，迎接未来的机遇与挑战。

实践训练

训练一：选择题

1. 创业是不拘泥于当前资源约束、寻求机会、进行(　　)的行为过程。

A. 整合资源　　　　B. 创造财富　　　　C. 创造价值　　　　D. 提高个人素质

2. 以下哪项不属于创业的要素？(　　)

A. 场地　　　　　　B. 资源　　　　　　C. 团队　　　　　　D. 机会

3. 要成为真正的创业者，关键是首先要做到(　　)。

A. 观念的转变　　　B. 技术的突破　　　C. 资金的积累　　　D. 人才的储备

4. 以下哪项不属于创业所需要的主体创业知识？(　　)

A. 专业技术知识　　B. 经营管理知识　　C. 人际关系知识　　D. 创业基础知识

5. 蒂蒙斯认为，创业过程是(　　)。

A. 创造价值的过程

B. 由机会驱动、团队领导和资源保证的

C. 发现创业机会的过程

D. 依赖于机会、创业团队和资源这三个要素的匹配和平衡

6. 创业者应该具备的素质包括(　　)。

A. 知识素质　　　　B. 心理素质　　　　C. 道德素质　　　　D. 能力素质

7. 一个人若要从事创业活动并期望成功，首先应根据自己的创业意向，掌握相关的(　　)。

A. 公关能力　　　　　　　　　　　B. 演讲能力

C. 交往能力　　　　　　　　　　　D. 专业知识与技能

8. 创业能力具有(　　)，这是它与其他能力在形成过程中的重要区别。

A. 极强的社会实践性　　　　　　　B. 自觉性

C. 专业性　　　　　　　　　　　　D. 应用性

9. 下面的(　　)是创业者必须掌握的创业能力。

A. 计算能力　　　　B. 社交能力　　　　C. 决策能力　　　　D. 观察能力

10. 一般来说，创业能力的形成和发挥作用的过程(　　)受到个性心理倾向和特征的影响与制约。

A．都会 B．都不会 C．部分会 D．很难会

11．创业竞争并不都是你死我活，而是双赢，这是创业心理品质必须具有的（ ）。

A．独创性特征 B．应变性特征 C．合作竞争性特征

训练二：任务名称——你做好了创业前的准备了吗？

姓名		班级		得分
自我评价 （30分）	自我反思（总结本次任务完成情况，如掌握了哪些知识与技能，锻炼了哪些能力，发现了哪些不足之处以及怎样提升等）			
同学评价 （30分）				
教师评价 （40分）				
总分 （100分）				

02

第二章　创业环境分析

学习目标

（1）知识目标：了解创业环境的基本概念，掌握创业环境分析工具。

（2）能力目标：提升信息搜集与处理能力。

（3）思政目标：培养风险意识和社会责任感。

课程知识

第一节　创业环境的概念与分类

创业环境是一个宽泛且抽象的名词，是影响创业的一个关键因素，也是学者们一直以来研究关注的重点。创业环境包含了各个方面的因素，涉及经济、政策、生态等很多系统，与人们生活的社会密不可分。创业环境可以对潜在创业者的创新思维产生影响，它是进行创业活动的多种影响要素的总和，包含了影响企业发展的一切因素，比如物质环境、文化政策、经济发展以及技术发展等方面的因素。

一、创业环境的定义

创业环境是指围绕创业者的创业和发展的变化，并足以影响或制约创业行为的一切外部条件的总称。它包括了与创业活动相关联的各种因素，这些因素相互作用、相互联系，形成一个有机的整体。

二、创业环境的分类与构成

创业环境的分类多种多样，按创业环境的构成要素不同可以分为经济环境、政策法律环境、科技环境等；按创业环境的层次不同可以分为宏观环境、中观环境与微观环境；按创业环境性质不同可以分为软环境和硬环境。

（一）按创业环境的构成要素分类

按创业环境的构成要素分类是指一国或一个经济区域范围内的创业环境，包括经济、政策法律、社会文化、科技和自然等方面的因素。

1. 经济环境

经济环境是影响创业活动最直接、最基础的外部环境。它包括宏观经济状况（如经济增长率、通货膨胀率、失业率等）、市场规模与结构、消费水平、产业结构、产业政策、金融环境（如银行利率、信贷政策、资本市场状况等）、国际贸易与投资环境等。良好的经济环境可以为创业者提供更多的商业机会和资金支持，降低创业风险。

2. 政策法律环境

政策法律环境是指政府对创业活动的支持程度和相关法律法规的完善程度。它包括政府的创业政策（如税收优惠、创业补贴、贷款支持等）、法律法规的健全性（如知识产权保护、市场准入规定、消费者权益保护等）以及执法公正性等。一个支持性的政策法律环境可以降低创业者的制度成本，增强创业者的信心，促进创业活动的健康发展。

3. 社会文化环境

社会文化环境是指社会的文化习俗、价值观念、教育水平、人口结构等因素对创业活动的影响。一个开放、包容、创新的社会文化环境能够激发人们的创新精神和创业热情，提高创业活动的活跃度和成功率。同时，教育水平的提高也有利于培养更多具有创新能力和创业精神的人才。

4. 科技环境

科技环境是指科技创新和技术进步对创业活动的影响。它包括科技研发水平、技术转移机制、知识产权保护等。技术创新是推动创业活动发展的重要动力，可以为创业者提供新的商业机会和竞争优势。同时，完善的技术转移机制和知识产权保护体系也能够降低创业者的技术风险和市场风险。

5. 自然环境

自然环境是指地理位置、气候条件、自然资源等自然因素对创业活动的影响。不同的自然环境会对创业活动产生不同的影响，如某些地区的气候条件适宜发展某种产业，某些地区的自然资源丰富可以提供创业所需的原材料等。同时，随着环保意识的提高，创业者也需要关注自然环境对企业发展的影响，实现可持续发展。

（二）按创业环境的层次分类

按创业环境的层次分类，通常可以分为以下几个层次。

1. 宏观环境

宏观环境是指一国或一个经济区域范围内的创业环境。它涵盖了整个国家的经济、政治、法律、社会、文化、科技等各个方面。这些因素对于创业活动具有广泛而深远的影响。例如，国家的经济增长率、通货膨胀率、失业率等经济指标，政府的创业政策、法律法规的完善程度等，以及社会的文化习俗、价值观念等，都会从宏观层面对创业活动产生影响。

2. 中观环境

中观环境是指某个区域或城市、乡镇的创业环境。这一层次的环境更加具体，涉及特定地区的经济发展水平、产业结构、市场状况、基础设施、教育资源等。例如，某个城市的高新技术产业园区，集中了大量的高科技企业和研发机构，为创业者提供了良好的技术支持和创新氛围。同时，该地区的交通、通讯、水电等基础设施的完善程度也会直接影响到创业者的经营效率和成本。

3. 微观环境

微观环境是指企业的文化氛围、团队合作精神、创新精神等。这一层次的环境主要关注企业内部的环境因素，包括企业的组织结构、管理制度、文化氛围、员工素质等。这些因素对于创业企业的日常运营和长期发展有着决定性的影响。例如，一个创业企业内部如果具有积极向上的文化氛围、高效的团队合作精神和持续的创新精神，那么它将更有可能在激烈的市场竞争中脱颖而出，实现持续的发展。

这三个层次的环境相互关联、相互影响，共同构成了创业环境的复杂系统。创业者需要全面考虑这些因素，制定合适的创业策略以降低创业风险，提高创业成功率。同时，随着创业活动的不断深入和发展，创业环境也会不断发生变化，创业者需要密切关注这些变化，及时调整自己的创业策略。

（三）按创业环境的性质分类

按创业环境的性质不同可以分类为软环境和硬环境。

1. 创业软环境

创业软环境是指无形的环境要素总和，主要涵盖法律、经济、文化环境等方面，这些因素对创业活动产生间接但深远的影响。

（1）法律治安环境。

完善的法律体系为创业者提供了明确的法律保障，降低了创业风险。良好的治安环境保障了创业者的人身和财产安全，使创业者能够专注于业务发展。

（2）经济环境。

经济发展水平、产业结构、市场需求等因素直接影响创业机会和创业成功率。政府的创业政策、税收优惠等经济政策对创业者具有重要的支持作用。

（3）文化环境。

社会的文化习俗、价值观念、教育水平等因素对创业者的思维方式和行为模式产生影响。开放、包容、创新的文化环境能够激发创业者的创新精神，提高创业活动的活跃度。

（4）融资环境。

金融机构的贷款政策、资本市场的发展状况等因素对创业者的融资能力产生影响。良好的融资环境能够为创业者提供更多的资金来源，降低创业成本。

（5）创新创业环境。

政府对于营造良好的城市创新创业环境的重视程度。体现在研究与经费开发支出、每万人研究与经费开发支出、货运量、卫生机构数、文化馆数、图书馆数等指标上。

创业软环境主要关注非物质层面的因素，通过优化法律、经济、文化等环境，为创业者提供良好的创业氛围和支持，促进创业活动的健康发展。

2. 创业硬环境

创业硬环境是指有形的环境要素，包括物质环境和区位环境，如基础设施、交通条件等。

（1）自然条件、自然资源以及地理区位等因素对创业活动产生影响。

地理位置的优越性、自然资源的丰富性能够为创业者提供更多的商业机会和竞争优势。

（2）基建环境。

区域交通系统、公共事业系统和公共工程等基础设施的完善程度直接影响创业者的经营效率和成本。便捷的交通网络、完善的供水供电系统能够降低物流成本和运营成本。

创业硬环境主要关注物质层面的因素，通过完善基础设施、优化地理位置等方式，为创业者提供便利的经营条件和良好的商业环境，促进创业活动的顺利进行。

三、创业环境分析的意义

创业环境分析是创业者为了发现和把握创业机会，对影响创业活动的各种环境因素进行全面、系统、深入地分析和评估的过程。创业环境分析在创业过程中具有极其重要的意义。创业环境分析对于降低创业风险、明确市场定位、优化资源配置、制定合理的发展策略、提高创业成功率、促进创业创新以及增强团队凝聚力等方面都具有重要意义。因此，在创业过程中，创业者应高度重视创业环境分析的重要性并认真进行实践。

（一）降低创业风险

创业环境分析可以帮助创业者更全面地了解市场、竞争对手、政策、经济等各方面的信息，从而预测和评估潜在的风险。通过识别潜在的风险，创业者可以提前制定相应的应对策略，从而降低创业失败的风险。

（二）明确市场定位

分析市场环境可以帮助创业者了解目标市场的需求和特点，从而确定产品或服务的市场定位。准确的市场定位有助于创业者更有效地满足消费者需求，提高市场竞争力。

（三）优化资源配置

在了解创业环境的基础上，创业者可以更好地评估自身资源和能力，从而优化资源配置，提高资源利用效率。这包括资金、人力、技术等各方面的资源，通过合理地配置这些资源可以确保创业项目的顺利进行。

（四）制定合理的发展策略

创业环境分析有助于创业者了解市场趋势和竞争对手的动态，从而制定出更具针对性和前瞻性的发展策略。合理的发展策略可以确保创业项目在激烈的市场竞争中脱颖而出，实现持续稳定的发展。

（五）提高创业成功率

通过全面的创业环境分析，创业者可以更加清晰地认识到创业过程中可能遇到的困难和挑战，从而提前做好充分的准备。这不仅可以提高创业者的应对能力，还可以提高创业项目的成功率，使创业者更容易实现创业目标。

（六）促进创业创新

在对创业环境进行深入分析的过程中，创业者可能会发现新的市场机会或创新点，从而推动创业项目的创新和发展。创新是创业成功的关键因素之一，通过创业环境分析可以促进创业者的创新思维和创新能力。

（七）增强团队凝聚力

创业环境分析是一个团队合作的过程，需要团队成员共同参与和讨论。在分析过程中，团队成员可以更好地了解彼此的想法和观点，从而增强团队的凝聚力和合作精神。

第二节　创业环境的调查方法

创业环境的调查方法主要涵盖了一系列系统性的工具和技术，用以收集和分析与创业活动相关的各种信息。以下是几种常见的创业环境调查方法。

一、问卷调查法

（一）前期准备

1. 明确调查目的和范围

首先要明确问卷调查的目的，是了解创业者的需求、评估市场环境，还是其他与创业环境相关的研究。确定调查的范围，包括目标受众、调查区域等。

2. 设计问卷

根据调查目的，设计问卷的结构和内容。问卷应包含引言、指导语、问题、选项和结束语等部分。设计问题时，要注意问题的类型(如开放式、封闭式)、问题的顺序、问题的表述方式以及选项的设置等。预测受访者的反应，确保问题易于理解，避免引导性问题和歧义。

3. 确定样本规模和抽样方法

根据调查目的和预算，确定合适的样本规模。选择合适的抽样方法，如随机抽样、分层抽样、整群抽样等，确保样本具有代表性。

(二)问卷制作与发放

1. 制作问卷

将设计好的问卷制作成纸质版或电子版。纸质版问卷需要打印并装订成册，电子版问卷可以通过在线问卷平台或电子邮件等方式发放。

2. 发放问卷

将问卷发放给目标受众，可以通过邮寄、面对面发放、在线平台发布等方式进行。确保问卷的发放过程具有随机性和广泛性，以提高样本的代表性。

(三)数据收集与整理

1. 数据收集

对于纸质版问卷，需要定期回收并整理问卷数据。对于电子版问卷，可以实时收集数据，并监控问卷的填写情况。

2. 数据整理

对收集到的问卷数据进行整理，包括数据的清洗、编码和录入等步骤。确保数据的准确性和完整性，对于缺失或异常数据进行处理。

(四)数据分析与解释

1. 数据分析

使用统计软件对问卷数据进行描述性统计分析、相关性分析、因子分析等，以提取有用的信息和结论。可以使用图表等方式将数据可视化，便于理解和展示结果。

2. 结果解释

根据数据分析结果，解释样本数据所反映的总体特征或问题。结合调查目的，对结果进行解释和讨论，提出相应的建议或对策。

(五)结果呈现与报告撰写

1. 结果呈现

将数据分析结果以报告、图表等形式呈现给相关利益方。可以通过在线平台、会议等方式分享调查结果。

2. 报告撰写

撰写详细的调查报告，包括调查目的、方法、样本特征、数据分析结果和结论等部分。

报告应客观、准确、清晰地呈现调查结果和建议。

（六）注意事项

1. 问卷设计

问卷设计应科学合理，避免引导性问题和歧义。问题的表述应简洁明了，易于理解。

2. 样本选择

样本选择应具有代表性，能够反映总体特征。抽样方法应科学合理，避免偏差和遗漏。

3. 数据质量

数据收集、整理和分析过程中应严格控制数据质量，确保数据的准确性和完整性。对于缺失或异常数据应进行合理处理。

4. 结果解释

结果解释应客观公正，避免主观臆断和偏见。提出的建议或对策应具有针对性和可操作性。

二、主观反馈法

主观反馈法是通过收集现实中的创业者对创业环境各要素的主观评价，再进行系统分析，从而推断创业环境的现状。

（一）前期准备

1. 明确调查目的

首先需要明确调查创业环境的具体目的，是了解创业者的整体感受、识别潜在机会还是评估某个特定因素。

2. 设计访谈提纲或问卷

根据调查目的设计访谈提纲或问卷。提纲或问卷应包含与创业环境相关的关键问题，如政策环境、市场环境、资源环境等。

3. 确定调查对象

选择具有代表性的创业者作为调查对象。可以根据行业、地区、创业阶段等因素进行筛选。

（二）数据收集

1. 进行访谈

预约访谈时间，确保访谈环境安静、舒适。使用访谈提纲或问卷进行访谈，注意保持开放性问题，鼓励创业者分享他们的经验和感受。在访谈过程中，注意倾听并记录创业者的回答，同时观察他们的表情和肢体语言，以获取更全面的信息。在适当的时候进行追问，以获取更深入的了解。

2. 收集问卷

如果采用问卷形式进行调查，可以通过线上或线下的方式发放问卷。确保问卷设计合理、问题明确，避免引导性问题和歧义。设定合理的问卷回收期限，并及时跟进未完成的问卷。

（三）数据分析

1. 整理数据

将访谈记录和问卷数据进行整理，提取关键信息。

2. 分类归纳

根据调查目的和问题类型将数据进行分类归纳，如政策环境、市场环境、资源环境等。

3. 统计分析

对归纳后的数据进行统计分析，如计算频数、比例、平均值等，以了解创业者对创业环境的整体评价和看法。

（四）结果呈现

1. 撰写报告

将数据分析结果撰写成报告，包括调查目的、方法、结果和结论等部分。

2. 图表展示

使用图表（如柱状图、饼图、折线图等）展示数据分析结果，使结果更加直观易懂。

3. 提出建议

根据分析结果，提出针对创业环境的建议或对策，为创业者提供有价值的参考。

（五）注意事项

1. 保持客观

在访谈和数据分析过程中，要保持客观中立的态度，避免主观臆断和偏见。

2. 保护隐私

确保创业者的隐私得到保护，避免泄漏他们的个人信息和敏感数据。

3. 样本代表性

在选择调查对象时，要确保样本具有代表性，能够反映整个创业群体的特征和情况。

三、抽样调查法

抽样调查法是从现有的创业者中选择一部分能够充分代表总体信息的调查样本，通过对这些样本的分析来推断整个创业环境的状况。

（一）前期准备

1. 明确调查目的

首先需要明确抽样调查的具体目的，是估计总体参数、了解总体特征还是检验假设等。

2. 确定抽样总体

明确要进行抽样的总体范围，确保样本能够代表总体。

3. 设计抽样方案

根据调查目的和总体特征选择合适的抽样方法（如简单随机抽样、分层抽样、系统抽样等），并确定样本容量和抽样误差控制水平。

（二）样本抽取

1. 编制抽样框

列出总体中的所有单位（如学校名录、学生花名册等），作为抽样的基础。

2. 随机抽样

按照所选的抽样方法从抽样框中随机抽取样本单位。例如，在简单随机抽样中，可以使用随机数表或随机数生成器来抽取样本。

3. 确定样本容量

根据所需的精确度和预算限制确定合理的样本容量。样本容量的大小会影响调查结果的精确度和可靠性。

（三）数据收集

1. 设计调查问卷或访谈提纲

根据调查目的设计合适的调查问卷或访谈提纲，用于收集样本单位的数据。

2. 实施调查

按照抽样方案对样本单位进行调查。可以通过问卷调查、面对面访谈、电话访问等方式进行。

3. 数据录入与整理

将收集到的数据录入计算机中并进行必要的整理和清洗，以确保数据的准确性和完整性。

（四）数据分析

1. 描述性统计分析

对样本数据进行描述性统计分析，如计算均值、标准差、频数分布等，以了解样本的基本特征。

2. 推断性统计分析

利用样本数据对总体进行推断，如估计总体参数、检验假设等。这需要使用适当的统计方法和模型。

3. 结果解释与报告

根据分析结果解释样本数据所反映的总体特征或问题，并撰写调查报告或论文，向相关利益方提供有用的信息和建议。

（五）注意事项

1. 抽样方法的选择

不同的抽样方法有不同的适用范围和优缺点，应根据具体情况选择合适的抽样方法。

2. 样本代表性的保障

在抽取样本时，应确保样本能够充分代表总体，避免出现偏差或遗漏。

3. 数据质量的控制

在数据收集、录入和整理过程中，应严格控制数据质量，避免出现错误或遗漏。

4. 统计分析的合理性

在进行统计分析时，应选择合适的统计方法和模型，并确保其合理性和有效性。

四、个别访谈法

（一）前期准备

1. 明确研究目标和问题

首要步骤是确定个别访谈的研究目标和问题。这些目标可以包括了解受访者的态度、观点或经验，或探索某个特定问题的深层次原因。研究问题应明确、具体，并能够引导研究者与受访者进行有效交流。

2. 选择受访者样本

根据研究目标和问题选择具有所需信息和经验的受访者样本。样本应具有代表性，能够反映总体特征。可以依据年龄、性别、职业、教育程度等特定特征进行选择。

3. 编制访谈指南

访谈指南是个别访谈的核心工具，是一个详细的问卷，由一系列与研究问题相关的问题构成。设计开放性的、有针对性的问题，以激发受访者的思考和回答。安排问题的顺序，并预留时间用于深入挖掘和追问。

（二）联系与约定

1. 联系受访者

通过电话、电子邮件或面对面的方式与受访者进行初步沟通。解释研究的目的和意义，确保受访者了解访谈的要求和内容。

2. 约定访谈时间和地点

根据受访者的方便约定访谈的时间和地点。确保访谈在舒适、宽松的环境中进行，以便受访者能够自由地表达自己的观点和经验。

（三）进行访谈

1. 访谈引导

根据访谈指南引导受访者进行讨论。使用开放式问题，鼓励受访者详细阐述自己的观点和经验。

2. 追问与深入探讨

根据受访者的回答灵活地进行追问和深入探讨。确保访谈内容的深度和广度符合研究目标。

3. 保持客观态度

在访谈过程中，研究者应保持客观、开放和尊重的态度。尽量避免对受访者观点的干扰和评价，确保访谈结果的客观性和公正性。

（四）记录与整理

1. 记录访谈内容

使用录音设备或笔记本记录访谈过程中的重要信息。在记录前，应征得受访者的同意，并保证访谈过程的私密性和保密性。

2. 整理访谈数据

将录音或笔记转化为文字资料，方便后续的分析和整理。整理的内容应包括受访者的回答、追问和深入探讨的问题，以及访谈的具体细节和感受。

（五）数据分析与报告撰写

1. 数据分析

对整理后的访谈数据进行系统组织和分析。识别相似的观点和主题，提取关键信息和发现。注重数据的质量和可靠性，进行交叉验证和深入挖掘。

2. 报告撰写

根据个别访谈的结果撰写研究报告。报告应包括研究的目标和问题、研究方法和步骤、数据分析和结果、讨论和结论等内容。注意报告的准确性和流畅性，确保报告的可读性和理解性。

五、座谈访问法

（一）前期准备

1. 明确研究目标和问题

确定座谈访问的研究目的和具体问题，确保座谈的方向明确、有针对性。

2. 选择参与人员

根据研究目标选择具有代表性或专业知识的座谈参与者。确定参与者的数量，一般建议在 5～10 人之间，以确保讨论充分且易于管理。

3. 准备座谈材料

准备与座谈主题相关的背景资料、数据、图表等，以便在座谈中参考和展示。编制座谈指南或问题清单，确保座谈内容覆盖研究目标。

4. 确定座谈时间和地点

选择一个安静、舒适、便于讨论的地点。确定座谈的具体时间，并提前通知参与者。

5. 安排工作人员

确定座谈的主持人、记录员和其他工作人员，明确各自职责。

（二）座谈进行

1. 开场介绍

主持人简要介绍座谈的目的、流程、参与人员等。强调座谈的保密性和匿名性，鼓励参与者积极参与讨论。

2. 提出问题

主持人根据座谈指南或问题清单提出相关问题。鼓励参与者积极发言，分享自己的观点和经验。

3. 引导讨论

主持人根据参与者的发言灵活引导讨论的方向和深度。对于重要的观点或信息，可以追问或请其他参与者发表意见。

4. 记录和总结

记录员记录座谈过程中的关键信息和讨论内容。可以在座谈过程中进行阶段性总结，确保讨论内容不偏离主题。

（三）座谈结束

1. 总结发言

主持人对座谈内容进行总结，强调主要观点和发现。感谢参与者的积极参与和贡献。

2. 整理和分析数据

将座谈记录整理成文字资料，进行系统地分析和解读。提取关键信息和发现，为研究报告或决策提供支持。

（四）注意事项

1. 确保讨论的开放性

座谈应鼓励自由发言和开放讨论，避免引导性提问或主观判断。

2. 保证讨论的深度和广度

主持人应灵活引导讨论的方向和深度，确保座谈内容全面且深入。

3. 保护参与者的隐私

在座谈过程中应保护参与者的隐私和匿名性，确保座谈内容的真实性和可信度。

4. 注意时间管理

座谈应合理安排时间，确保讨论充分且高效。如有需要，可以预留额外时间进行追加讨论或补充信息。

第三节　创业环境 SWOT 分析

创业环境的 SWOT 分析即从优势（Strengths）、劣势（Weaknesses）、机会（Opportunities）和威胁（Threats）四个方面分析。

一、优势（Strengths）

（一）政策支持

中国的管理部门对创业持鼓励和支持的态度，提供了众多创业扶持政策和资金支持，如税收优惠、创业补贴、创业培训等，这大大降低了创业的门槛，激发了人们的创业热情。

（二）市场庞大

中国拥有庞大的市场和多样的消费者需求，为创业者提供了广阔的发展空间。无论是科技创新、传统制造、服务业还是互联网和数字经济领域，都孕育了无数的成功故事和创业奇迹。

（三）创新文化

中国的社会文化对创业有着积极的影响，传统中重视教育和勤奋工作的价值观鼓励人们追求成功和创新。现代中国社会更是将创业视为实现个人价值和社会贡献的重要途径。

二、劣势（Weaknesses）

（一）创业壁垒

尽管政策扶持力度大，但创业壁垒依然较高，包括资金、技术、人才等方面的挑战。特别是对于初创企业，如何快速获得市场认可和用户信任是一个重要的问题。

（二）政策落实

虽然政策层面提供了诸多支持，但在实际执行过程中政策落实的效果并不总是理想的。部分创业者反映，政策申请流程烦琐、审批周期长，影响了企业的正常运营。

（三）创业孵化率

虽然中国的创业环境鼓励试错和快速迭代，但创业孵化率并不高。这意味着许多创业项目在初期就面临失败的风险，需要创业者具备更强的抗压能力和市场洞察力。

三、机会（Opportunities）

（一）技术发展

随着人工智能、云计算、大数据和物联网等技术的快速发展，为创业者提供了巨大的机会。这些技术不仅可以提升产品和服务的竞争力，还可以为创业公司开辟新的增长路径。

（二）市场需求

中国市场的多变性和多样性为创业者提供了丰富的机会。成功的创业者往往是那些能够敏锐捕捉市场需求、快速响应消费者变化的人。

（三）全球化趋势

随着全球化的深入发展，中国的创业者可以更加便捷地获取国际市场的信息和资源，为企业的国际化发展提供了可能。

四、威胁（Threats）

（一）市场竞争

随着创业市场的竞争加剧，创业者需要具备更强的市场洞察力和执行能力以在竞争中脱颖而出。同时，建立稳定的客户关系和品牌形象也至关重要。

（二）经济风险

国内外经济形势的不确定性为创业者带来了经济风险。例如，贸易保护主义的抬头可能影响中国的出口贸易,进而对创业企业的经营产生影响。

(三)法规和政策变化

创业者需要留意相关的法规和政策变化,以避免潜在的风险和纠纷。特别是知识产权保护、合规性等方面的问题越来越重要。

第四节　创业环境矩阵分析法

通过矩阵图表,我们可以根据不同的情况,针对创业环境可能带来的机会和威胁进行分析和评估,做出不同的选择,得出不同的结论。将威胁矩阵划分为三类:机会矩阵、威胁矩阵和机会威胁合成矩阵。

一、机会矩阵

如图2-1所示,横坐标表示机会的吸引力,也就是能够给我们带来的收益,而纵坐标代表着机会出现的概率,并且把机会出现概率和吸引力大致划分为两个等级。根据各环境因素的相应数据在坐标平面上的位置,可以判别出它们的重要性。

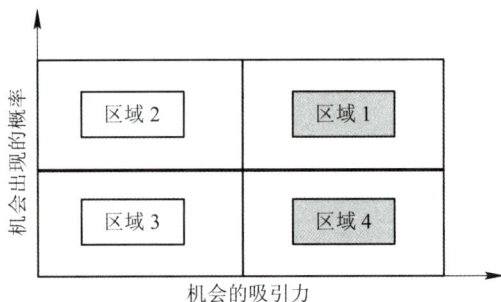

图2-1　机会的吸引力与出现的概率

区域1:机会出现概率高,而且机会出现后会带来较大的利益,因此对创业者的吸引力大,是应该尽量利用的环境。

区域2:机会出现概率高,但机会出现后带来的利益较小,是创业者应该注意开发的环境。

区域3:机会出现概率低,并且机会出现后给企业带来的利益较小,是创业者应该注意回避的环境。

区域4:机会出现概率低,但一旦机会出现后会给企业带来较大的利益,因而创业者应该注意创造条件,力争成功。

二、威胁矩阵

图2-2中，横坐标表示威胁对企业经营影响的严重性，即威胁出现之后所带来损失的大小，纵坐标表示威胁发生的概率，并将发生的概率和严重性大致分为高低和大小两档。根据各环境因素的相应数据在坐标平面上的定点，我们就可以区分事件的影响程度及其性质。

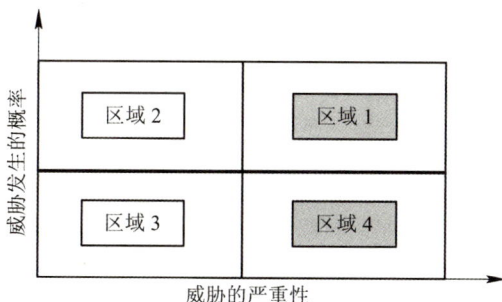

图2-2 威胁的严重性与发生的概率

区域1：威胁发生的概率高，而且发生后将产生较为严重的负面影响，因此创业者要予以特别关注。

区域2：威胁发生的概率高，但发生后带来的负面影响有限，创业者应该予以必要的关注。

区域3：威胁发生的概率低，并且发生后给企业经营带来的负面影响也比较有限，是可以基本忽略的环境。

区域4：威胁发生的概率低，但一旦发生会产生较为严重的负面影响，因而创业者不能掉以轻心。

三、机会威胁综合矩阵

通过市场机会和环境威胁矩阵图的分析，可以判断创业者所面临的市场机会和环境威胁的位置，以便找出主攻方向。同时，对市场机会和环境威胁进行比较，还可以预测对创业者来说机会和威胁哪一个占主要地位。把两个方面的分析结果重叠，就可以形成新的矩阵图，如图2-3所示，横坐标表示机会水平的高低，纵坐标表示威胁程度的强弱。这样，业务项目就可以分为四种类型。

区域1：威胁程度高，机会水平也高，两相比较，难分上下，处于这一区域的是风险型业务。

区域2：威胁程度高，机会水平低，是最差的环境状态，处于这一区域的是困难型业务。

区域3：威胁程度和机会水平均低，虽盈利能力不高，但也没有多大风险，处于这一区域的是成熟型业务。

区域4：威胁程度低，机会水平高，是最佳的环境状态，处于这一区域的是理想型业务。

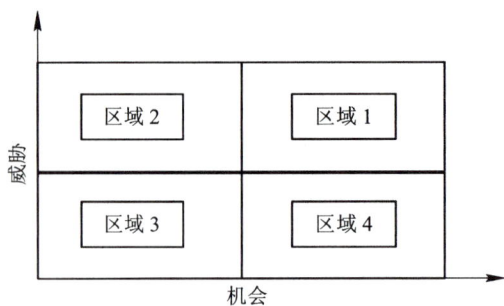

图 2-3　机会威胁分析矩阵

实践训练

训练一：选择题

1. 创业环境中最直接影响企业决策的因素是（　　）。

A. 社会文化环境　　　　　　　　B. 法律法规环境

C. 宏观经济环境　　　　　　　　D. 行业竞争环境

2. 创业者在选择创业地点时，下列因素中通常不是首要考虑的是（　　）。

A. 交通便利性　　　　　　　　　B. 政策支持力度

C. 气候条件　　　　　　　　　　D. 人才资源

3. （　　）不属于创业环境的微观层面。

A. 市场需求　　　　　　　　　　B. 行业竞争

C. 政府政策　　　　　　　　　　D. 消费者偏好

4. 创业者在评估创业环境时，以下哪个因素通常不需要过多关注？（　　）

A. 市场规模　　　　　　　　　　B. 市场需求增长趋势

C. 个人兴趣爱好　　　　　　　　D. 竞争对手情况

5. 在创业过程中，创业环境对以下哪个方面的影响最为显著？（　　）

A. 产品创新　　　　　　　　　　B. 融资能力

C. 团队组建　　　　　　　　　　D. 市场营销

6. 以下哪个因素不属于创业环境的行业层面？（　　）

A. 行业发展趋势　　　　　　　　B. 行业竞争结构

C. 宏观经济政策　　　　　　　　D. 行业技术标准

7. 创业者在选择创业领域时，以下哪个因素通常不是决定性的？（　　）

A. 个人兴趣与专长　　　　　　　B. 市场需求

C. 家族传统　　　　　　　　　　D. 行业竞争状况

8. 创业环境中，以下哪个因素的变化对企业的影响最为直接？（　　）

A. 社会文化　　　　　　　　　　B. 法律法规

C. 市场需求　　　　　　　　　　D. 自然环境

9. 在创业初期，以下哪个环境因素对创业者最为关键？（　　）

A. 资金支持　　　　　　　　　B. 技术支持

C. 人才资源　　　　　　　　　D. 创业氛围

10. 创业者在评估创业环境时，以下哪个方面通常不需要过多考虑？（　　）

A. 市场需求　　　　　　　　　B. 竞争对手

C. 地理位置　　　　　　　　　D. 个人背景

训练二：分析当前你所在地区的创业环境，并讨论它对创业者的优势和挑战分别是什么。

当前创业环境：
优势：
挑战：

03

第三章　创业机会识别

学习目标

（1）知识目标：理解创业机会的概念，掌握创业机会的来源，学习创业机会识别的工具和方法。

（2）能力目标：提高信息分析能力和风险评估能力。

（3）思政目标：培养敏锐的市场洞察力。

课程知识

第一节　创业机会

创业机会是指具有吸引力的、持久的和适时的商业活动空间，它源于将资源创造性地结合以满足市场需求，从而为客户带来价值并为企业创造利润。创业机会与创意不同，创意虽然具有创造性，但其商业价值存在不确定性。而创业机会则是具有明确商业价值的创意，表现为特定的资源组合关系，经过商机评估确定是否值得经营。

约瑟夫·熊彼特认为创业机会是通过创造性结合资源以满足市场需求并创造价值的一种可能性。他强调企业家结合资源创造价值的能力。而伊斯雷尔·柯兹纳则从市场不完全性的角度解读创业机会，他认为由于市场参与者的决策基于不同的信念、偏好、直觉和信息，导致市场存在未被满足的需求，这为创业者提供了机会。

创业机会的核心在于满足未被满足的有效需求，这种需求可能暂时得到部分满足，也可能有待于激发和再组织。有效的需求必须具备盈利潜力，即满足需求的成本要低于人们期望的价格，同时需求水平要足够高，以提供合理的回报。因此，创业机会必须经受市场的考验，具有持续的获益潜能。

在创业实践中，创业机会通常表现为引进新的产品、服务、原材料或组织方式，这些新的元素或方式在新的生产方式、新的产出或新的生产方式与产出之间的关系形成过程中能够带来比生产成本更高的价值。然而，创业机会并不简单等同于这些新的元素或方式本身，它更强调的是将这些元素创造性地结合以满足市场需求并传递价值。

简言之，创业机会是创业者通过创造性结合资源，满足市场需求并创造价值的一种可能性。它要求创业者具备敏锐的市场洞察力、独特的创意能力和强大的资源整合能力，以发掘和把握这些机会，实现企业的成功和持续发展。

第二节　创业机会的特征

一、隐蔽性

创业机会的隐蔽性指的是机会往往不容易被大多数人直接发现或识别。它们常常隐藏在市场的细微变化、消费者的潜在需求、技术的进步或政策的调整等背后。就像企业家需要敏锐的洞察力去挖掘金矿一样，他们也需要同样的能力去发现和挖掘创业机会。这种隐蔽性使得只有那些愿意深入研究、勤奋思考的人才能找到并把握这些机会。

二、偶然性

创业机会的偶然性意味着它们并不总是按照我们的预期或计划出现。它们可能在我们毫无准备的时候突然降临或者在我们最不经意的时候悄然溜走。这要求创业者需要时刻保持警觉，随时准备抓住那些可能转瞬即逝的机会。同时，偶然性也告诉我们，创业的成功并不仅仅依赖于计划和策略，更依赖于我们的灵活性和应变能力。

三、时效性

创业机会的时效性是指机会具有明确的时间限制，一旦错过就无法挽回。正如"机不可失，时不再来"这句古话所说，创业者需要迅速行动，抓住每一个可能的机会。否则，即使是最有潜力的机会也可能因为时间的流逝而失去价值。时效性要求创业者具备快速决策和迅速执行的能力，以便在机会出现时能够迅速抓住它。

四、时代性

创业机会的时代性是指机会往往与特定的时代背景、社会环境和文化趋势密切相关。不同的时代会孕育出不同的机会，而这些机会也会随着时代的变迁而发生变化。因此，创业者需要关注时代的脉搏，了解社会的需求和趋势，以便在时代的浪潮中找到属于自己的机会。同时，时代性也要求创业者具备前瞻性和预见性，能够预测未来的趋势和变化，从而提前做好准备。

五、增值性

创业机会的增值性是指通过把握和利用机会，能够为客户创造价值，为企业带来利润。这是创业机会最本质的特征，也是创业者追求的核心目标。一个真正有价值的创业机会必须能够解决客户的痛点或满足他们的需求，从而为他们带来实际的利益。同时，这个机会也需要具有可操作的商业模式和盈利空间，以便为企业带来持续的收入和增长。增值性要求创业者具备敏锐的市场洞察力和商业智慧，能够发现并把握那些具有真正价值的创业机会。

第三节　创业机会的来源

一、彼得·德鲁克的看法

彼得·德鲁克在 2007 年出版的《创新与企业家精神》一书中指出了创新的七种来源，得到理论界和企业的广泛认可。把他的创新理论应用到创业机会来源分析，可以得出七种创业机会来源。

（一）出乎意料的外部事件

意外成功、意外失败或外部事件的突然变化都可能带来创业机会。创业者需要保持敏锐的洞察力，从特殊事件中发掘商机。例如，高炉炼钢厂的迷你锅炉案例和雷·克洛克发现麦当劳商机，都是意外事件带来的成功创业案例。

（二）不一致性

当实际状况与预期或应有状况出现不一致时，创业者可以通过分析矛盾现象，寻找创业机会。三一重工从最初的失败中转向新的商机，就是典型的不一致性带来的机会。

（三）顾客的不满

顾客在使用产品或服务时的不满和抱怨，是创业者改进产品或服务、满足顾客需求的重要机会。柯达通过解决摄影过程中的不便，成功占据市场领先地位。

（四）产业结构或市场结构的变化

随着市场的不断发展，产业结构或市场结构会发生变化，为创业者提供新的机会。例如，汽车行业的品牌化趋势，为创业者提供了新的市场细分和定位机会。

（五）人 口 变 化

人口结构的变化，如老龄化、城市化、受教育程度提高等，都会带来新的消费需求和创业机会。创业者需要关注人口变化，发掘与之相关的商机。

（六）认 知、情 绪 和 意 义 的 变 化

消费者的认知、情绪和需求会随着时间和环境的变化而发生变化，这些变化为创业者提供了新的市场机会。例如，健康饮食和有机食品市场的兴起，就是消费者认知变化带来的商机。

（七）企 业 外 部 的 新 知 识

企业外部的科学、技术、文化等方面的新知识，都可能为创业者提供新的创业机会。创业者需要关注新知识的发展，并寻找与自身业务相关的商机。清华大学视美乐创业团队的创建，就是利用了外部新知识(技术发明)的创业机会。

二、创业机会的一般来源

（一）问 题

创业的本质在于解决问题，特别是那些尚未被满足的顾客需求。例如，大学生放假时交通不便的问题被一位创业者发现并成功转化为客运服务的机会，这种从顾客的实际需求出发，发现并解决问题的思路，是创业机会的重要来源。

（二）变 化

变化是创业机会的源泉之一。无论是产业结构变动、消费结构升级、城市化加速、人们观念改变、政府政策调整、人口结构变动、居民收入水平提高，还是全球化趋势等，都是变化的体现，也蕴含着无数的创业机会。创业者需要保持敏锐的市场洞察力，从变化中寻找商机。以居民收入水平的提高为例，它带动了私人轿车的普及，进而衍生出汽车销售、维修、配件生产、清洁、装潢、二手车交易、陪驾等一系列创业机会。

（三）创 造 发 明

创造发明是推动社会进步的重要力量，也是创业机会的重要来源。无论是全新的产品还是服务，只要能够更好地满足顾客需求，就可能成为创业的机会。随着计算机技术的发展，相关的计算机维修、软件开发、培训、图文制作、信息服务、网上开店等创业机会也应运而生。

（四）竞争

竞争虽然给创业者带来压力和挑战，但同时也孕育着机会。通过深入分析竞争对手的优劣势，创业者可以发现自身的改进空间，从而找到创业机会。如果创业者能够提供更优质的产品、更周全的服务，或者采用更有效的营销策略，就可能在竞争中脱颖而出。

（五）新知识、新技术

在知识经济时代，新知识、新技术的不断涌现为创业者提供了无尽的创业机会。这些新知识、新技术不仅推动了产业的发展，也为创业者提供了创新的可能性。例如，随着健康知识的普及和净水技术的进步，创业者可以开发各种净水产品，满足消费者对健康饮水的需求。

创业机会的来源多种多样，创业者需要保持敏锐的洞察力和创新思维，从多个角度寻找和把握创业机会。同时，创业者还需要具备风险评估和决策能力，确保在创业过程中能够成功把握机会，实现创业目标。

第四节　影响创业机会识别的因素

创业机会的识别是一个复杂而关键的过程，它取决于创业者寻求和识别机会的愿望、能力，以及创业者所面临的搜寻成本。不同的人由于知识、信息、认知特性和社会关系网络的不同，会识别到不同的创业机会。具体而言，创业机会的识别主要受以下四个方面的影响。

一、知识

创业者所拥有的知识是进行创业机会认知的基础。知识可以帮助创业者识别那些与其先前知识相关的创业机会。重要的先前知识包括市场知识、市场服务方式知识和顾客问题的知识。这些知识可以帮助创业者更好地理解市场需求、服务提供方式和顾客痛点。创业者特殊兴趣领域内的知识以及通过日常工作积累的知识也会影响其对创业机会的识别。

二、信息

创业机会的存在具有信息不对称性，即机会不一定对所有人都是显性的。创业者需要拥有与创业机会相关的信息才能识别机会。信息的不均匀分布导致不是所有人都能同时发现同一机会。创业者需要通过不断补充新的信息来完善原有的信息基础以更好地识别机会。

三、认知特性

创业机会的发现不仅依赖于知识和信息，还受到创业者的认知特性的影响。创业者需要确认新的关系来发现机会，这需要超越传统的思维模式，看到事物之间的联系。不同的创业者对同一机会的认知可能不同，这取决于他们的认知科学能力和个人特性（如不确定性偏好、含糊的容忍性等）。创业者的非理性特征决策模式有助于在资源有限、风险不确定的情况下迅速作出决策。

四、社会关系网络

社会关系网络是创业者的重要隐性资源，对于机会感知与识别至关重要。具备更多关系网络的创业者能发现更多的创业机会，因为网络中的成员可能提供有关机会的信息和建议。社会关系网络有助于创业者捕捉商机、获取资源，并创造出仅凭显性资源无法实现的价值。社会关系网络的扩展性和延伸性将极大地扩展创业企业的发展速度，因为网络中的成员可以提供更多的合作机会和市场渠道。

在创业过程中，创业者需要综合考虑这些因素，通过不断学习和积累知识、获取信息、培养认知能力和构建社会关系网络来提高创业机会识别的能力。

第五节　创业机会的具体识别

创业机会的具体识别是创业过程中的关键环节，它要求创业者具备敏锐的市场洞察力和分析能力。具体而言，有五种主要的创业机会识别方法。

一、市场的供求差异

需求总量与供给总量的差额。创业者需要关注市场中是否存在某种产品或服务的需求总量远大于供给总量的情况。这种情况下，创业者可以通过增加供给来满足市场需求，从而获取商机。

产品结构与需求结构的差异。创业者应分析市场上现有产品是否能够满足消费者的多样化需求。如果市场上缺乏某种类型的产品或服务，而消费者又对此有需求，那么创业者就可以开发这种产品或服务来填补市场空白。

消费者需求层次的差异。不同的消费者群体有不同的需求层次。创业者可以通过市场细分，针对某一特定消费者群体的需求开发产品或服务，以满足其特定需求。

二、市场的"缺口"或"边角"

市场的"缺口"或"边角"通常指的是那些被主流市场忽略或未充分开发的市场领域。创业者可以通过仔细观察和分析市场，发现这些被忽略的市场需求，并开发相应的产品或服务来满足这些需求。例如，针对低收入群体的基本生活需求，或者针对特定地区或特定行业的特殊需求等。

三、竞争对手缺陷

研究竞争对手并发现其产品或服务的弱点是创业者发现商机的重要途径之一。创业者可以通过分析竞争对手的产品设计、营销策略、服务质量等方面，找出其不足之处，并开发相应的产品或服务来弥补这些不足。这样不仅可以满足市场需求，还可以从竞争对手那里抢占市场份额。

四、市场的发展趋势

创业者需要密切关注市场的发展趋势，以便及时发现新的商机。例如，随着人口老龄化的趋势加剧，老年人市场将逐渐扩大。创业者可以针对老年人的特殊需求开发相应的产品或服务，如医疗保健、养老服务等。此外，随着科技的不断进步和消费者需求的不断变化，市场上也将不断出现新的产品或服务领域，创业者需要保持敏锐的洞察力，及时抓住这些新的商机。

五、问题解决过程

在日常生活和工作中，人们经常会遇到各种各样的问题。有些问题看似微不足道，但如果能够找到有效的解决方法，就可能转化为商机。创业者需要善于观察和思考，从实际问题中发现商机，并通过开发相应的产品或服务来解决这些问题。例如，思科系统公司的创始人就是从解决自身问题出发，发明了路由器并创建了思科公司。

创业机会的识别需要创业者具备敏锐的市场洞察力和分析能力。通过关注市场的供求差异、寻找市场的"缺口"或"边角"、分析竞争对手的缺陷、关注市场的发展趋势以及从问题解决过程中发现商机等方式，创业者可以不断发现新的商机并实现创业成功。

第六节　创业机会的评价

在创业过程中，对创业机会的识别和评价是至关重要的步骤，它决定了创业者是否能够将一个商业概念或创意转化为实际可行的商业计划。当创业机会难以衡量或评价时，确实会阻碍对其与创业过程中其他因素的关系和作用机制的深入研究。

一、影响创业机会评价的因素

（一）创业经历

具有创业经历的创业者通常拥有更丰富的市场洞察力和商业直觉，这些经验使得他们在评价创业机会时能够考虑更多实际因素，更准确地预测市场反应。

（二）工作年限

较长的工作年限意味着创业者积累了更多的行业知识和经验，这些经验可以帮助他们更准确地分析市场趋势、评估竞争态势，从而更好地评价创业机会。

（三）管理经验

高级管理职务通常意味着创业者具备更强的决策能力和资源控制能力，这些能力在评价创业机会时至关重要，可以帮助创业者识别潜在的风险和机遇。

二、创业机会评价的方法

（一）阶段性评价方法

这种方法强调在创业机会开发的每个阶段都进行机会评价。每个阶段都设置"通过门槛"，只有当机会满足这些条件时，才能进入下一阶段。这种方法有助于创业者逐步完善和优化商业计划，确保最终成功的可能性。

（二）杰弗里·蒂蒙斯创业机会评价方法

杰弗里·蒂蒙斯提出的评价框架是一个包含 8 大类 53 项指标的全面评价体系（见表3-1）。这个框架覆盖了从行业与市场、经济因素、收获条件到竞争优势、管理团队等多个方面，为创业者提供了一个全面的评价视角。

表 3-1　杰弗里·蒂蒙斯创业机会评价体系

行业与市场	（1）市场容易识别，可以带来持续收入
	（2）顾客可以接受产品或服务，愿意为此付费
	（3）产品的附加价值高
	（4）产品对市场的影响力高
	（5）将要开发的产品生命长久
	（6）项目所在的行业是新兴行业，竞争体系不完善
	（7）市场规模大，销售潜力达到 1000 万元～10 亿元
	（8）市场成长率在 30%～50% 甚至更高
	（9）现有厂商的生产能力几乎完全饱和
	（10）在五年内能占据市场的领导地位，达到 20% 以上
	（11）拥有低成本的供货商，具有成本优势

续表一

经济价值	（1）达到盈亏平衡点所需要的时间在 1.5～2 年以下
	（2）盈亏平衡点不会逐渐提高
	（3）投资回报率在 25％以上
	（4）项目对资金的要求不是很大，能够获得融资
	（5）销售额的年增长率高于 15％
	（6）有良好的现金流量，能占到销售额的 20％甚至 30％以上
	（7）能获得持久的毛利，毛利率可达到 40％以上
	（8）能获得持久的税后利润，税后利润率要超过 10％
	（9）资产集中程度低
	（10）运营资金不多，需求量是逐渐增加的
	（11）研究开发工作对资金的要求不高
收获条件	（1）项目带来附加价值具有较高的战略意义
	（2）存在现有的或可预料的退出方式
	（3）资本市场环境有利，可以实现资本的流动
竞争优势	（1）固定成本和可变成本低
	（2）对成本、价格和销售的控制较高
	（3）已经获得或可以获得对专利所有权的保护
	（4）竞争对手尚未觉醒，竞争较弱
	（5）拥有专利或具有某种独占性
	（6）拥有发展良好的网络关系，容易获得合同
	（7）拥有杰出的关键人员和管理团队
管理团队	（1）创业者团队是一个优秀管理者的组合
	（2）行业和技术经验达到了本行业内的较高水平
	（3）管理团队的正直廉洁程度能达到较高水平
	（4）管理团队知道自己缺乏哪方面的知识
致命缺陷	不存在任何致命缺陷
创业家的个人标准	（1）个人目标与创业活动相符合
	（2）创业家可以做到在有限的风险下实现成功
	（3）创业家能接受薪水减少等损失
	（4）创业家渴望进行创业这种生活方式，而不只是为了赚大钱
	（5）创业家可以承受适当的风险
	（6）创业家在压力下状态依然良好

理想与现实的战略性差异	（1）理想与现实情况相吻合
	（2）管理团队已经是最好的
	（3）在客户服务管理方面有很好的服务理念
	（4）所创办的事业顺应时代潮流
	（5）所采取的技术具有突破性，不存在许多替代品或竞争对手
	（6）具备灵活的适应能力，能快速地进行取舍
	（7）始终在寻找新的机会
	（8）定价与市场领先者几乎持平
	（9）能够获得销售渠道，或已经拥有现成的网络
	（10）能够允许失败

在使用这个框架时，创业者需要仔细分析每一项指标，并根据自己的实际情况进行评分。最终的评价结果将帮助创业者判断创业机会的可行性和潜力。

值得注意的是，虽然这些评价方法和框架为创业者提供了有用的指导，但每个创业机会都是独特的，需要创业者根据自己的实际情况和判断进行灵活应用。同时，创业过程中还需要不断学习和调整，以适应市场变化和挑战。

实践训练

训练一：选择题

1. 创业机会识别是创业过程的关键步骤，它通常发生在哪个阶段？（　　）

A. 创业计划制定之前　　　　　　　B. 产品开发之后

C. 市场调研期间　　　　　　　　　D. 融资成功之后

2. 创业机会识别的主要目的是什么？（　　）

A. 寻找投资者　　　　　　　　　　B. 开发新产品

C. 识别并抓住商业机会　　　　　　D. 提高公司知名度

3. 哪种方法通常用于识别潜在的创业机会？（　　）

A. 问卷调查　　　　　　　　　　　B. 社交媒体分析

C. 市场调研和趋势预测　　　　　　D. 广告宣传

4. 创业机会识别过程中，哪项因素最重要？（　　）

A. 资金储备　　　　　　　　　　　B. 技术创新

C. 市场洞察力　　　　　　　　　　D. 团队规模

5. 在评估一个创业机会时，哪个因素不是必要的考虑因素？（　　）

A. 市场规模　　　　　　　　　　　B. 竞争状况

C. 个人兴趣　　　　　　　　　　　D. 客户需求

6. 创业机会识别通常不包括以下哪个步骤？（　　）

A. 识别市场需求 　　　　　　　　B. 分析竞争对手

C. 制定产品计划 　　　　　　　　D. 确定商业模式

7. 在以下选项中，哪个是创业机会识别的主要挑战？（　　）

A. 缺乏资金 　　　　　　　　　　B. 市场不确定性

C. 技术难度 　　　　　　　　　　D. 团队沟通

8. 哪种类型的创业者通常更擅长识别创业机会？（　　）

A. 技术专家

B. 市场营销专家

C. 具有广泛商业经验和市场洞察力的人

D. 投资者

9. 识别创业机会时，创业者应关注哪些方面的变化？（　　）

A. 政治形势 　　　　　　　　　　B. 经济周期

C. 技术进步和社会趋势 　　　　　D. 自然环境

10. 以下哪种方式对于创业者来说不是识别创业机会的有效途径？（　　）

A. 参加行业展会 　　　　　　　　B. 阅读行业报告

C. 依赖传统经验 　　　　　　　　D. 深入客户群体

训练二：创业机会发现与评估表

在创业过程中，识别和评估一个具有潜力的创业机会是至关重要的。以下是一个创业机会发现与评估表的框架，帮助你系统性地思考和分析潜在的创业机会。请基于这个框架，填写你的发现和评估。

序号	评估维度	描 述 与 分 析
1	市场需求	请描述你所观察到的市场需求。例如：市场规模、增长潜力、目标客户群等。 分析：随着科技的进步和人们生活水平的提高，越来越多的消费者开始关注健康饮食和营养搭配。因此，一个专注于提供个性化健康饮食方案的创业机会应运而生。这个市场的需求增长潜力巨大，并且目标客户群广泛
2	技术可行性	请评估所需技术的成熟度、可实施性和成本效益。 分析：随着大数据和人工智能技术的发展，我们可以利用这些技术来收集和分析用户的饮食习惯、健康状况等信息，从而为他们提供个性化的健康饮食方案。这些技术已经相对成熟，并且成本效益较高
3	竞争分析	请评估当前市场的竞争格局和竞争对手。 分析：虽然市场上已经有一些提供健康饮食方案的产品和服务，但大多数都缺乏个性化和定制化。因此，我们可以通过提供更加个性化和定制化的服务来与竞争对手区分开来

序号	评估维度	描　述　与　分　析
4	商业模式	请描述你的商业模式，包括产品或服务、定价策略、销售渠道等。 分析：我们将通过开发一个在线平台来提供个性化健康饮食方案。用户可以在平台上输入他们的饮食习惯、健康状况等信息，然后平台会利用大数据和人工智能技术为他们生成个性化的饮食方案。我们将采用订阅制收费模式，并根据用户的反馈和需求来不断优化我们的产品和服务
5	团队能力	请评估你的团队是否具备实现这个机会所需的能力和资源。 分析：我们的团队由一群有丰富经验和专业技能的人员组成，包括营养师、数据科学家、软件开发工程师等。他们具备实现这个机会所需的专业知识和能力，并且我们已经拥有了一些必要的资源，如技术平台、数据分析工具等
6	风险评估	请列出可能面临的风险和挑战，并提出相应的应对策略。 分析：可能面临的风险包括技术风险、市场风险、竞争风险等。为了应对这些风险，我们将不断关注市场动态和竞争对手的动向，并根据实际情况调整我们的产品和服务。同时，我们将积极寻求外部投资和合作伙伴，以提高我们的抗风险能力

　　基于上述表格的填写和分析，你认为这个创业机会是否值得进一步探索和开发？请给出你的结论和理由。

04

第四章　创业者和创业团队

学习目标

（1）知识目标：理解创业者的角色和特质，掌握创业团队的概念和重要性，学习创业团队的优化策略。

（2）能力目标：提高团队组建沟通能力。

（3）思政目标：培养团队合作精神，强化诚信与责任。

课程知识

第一节　创业者的含义

创业者在我们的日常生活中并不陌生，他们往往以其独特的魅力、卓越的领导力和深远的影响力，成为我们心中的楷模。从阿里巴巴的马云、腾讯的马化腾、百度的李彦宏、海尔的张瑞敏，到巨人集团的史玉柱等，这些成功的企业家不仅推动了企业的持续发展，更以其个人魅力鼓舞和影响着无数的人们。

"创业者"这个词源于英文"entrepreneur"，这个词由"entre""pre"和"neur"三部分组成。从字面上看，"entre"意味着"从事"，"pre"表示"在……之前"，而"neur"与"神经中枢"相关，代表"决策的核心"。因此，创业者可以理解为那些以超前的眼光和行动，决定并创立新事业的关键人物。

"entrepreneur"一词具有两个基本的含义。首先，它指的是企业家，即在现有企业中负责决策和经营的领导人。这些企业家通常具备丰富的管理经验和敏锐的市场洞察力，能够带领企业应对各种挑战，实现持续稳定的发展。其次，它也可以指创始人，即那些刚刚或者即将创办新企业的领导人。这些创始人通常拥有独特的创意和坚定的信念，通过不断努力和创新，最终实现了企业的创立和成长。

著名经济学家约瑟夫·熊彼特从创新的视角对企业家进行了深入地描述。他认为企业家不同于投机者和发明家，他们并非仅仅囤积商品或创造新的生产方法，还能以更恰当和更有利的方式运用现有的生产方法。这种创新精神是企业家精神的核心，也是推动企业不断发展的重要动力。

熊彼特的观点强调了企业家在创新方面的关键作用。他们通过引入新的生产要素组合方式，提高了生产效率，降低了成本，从而为企业创造了更大的价值。这种创新精神不仅推动了企业的快速发展，也对整个社会经济的发展产生了深远的影响。

因此，创业者不仅需要有超前的眼光和坚定的信念，更需要具备创新精神和实践能力。他们需要通过不断地学习和实践，不断提高自己的综合素质和能力水平，以应对日益复杂多变的市场环境。同时，他们也需要关注社会经济的发展趋势和市场需求的变化，不断调整和优化自己的创业策略和方向，以实现企业的长期稳定发展。

第二节　创业者的能力和特质

成功的创业者确实具有一系列共同的能力和特质，这些能力和特质并非所有创业者都天生具备，但可以通过时间和努力在实践中自我培养。杰弗里·蒂蒙斯将创业者共有的能力与特质总结为六个核心主题，这些主题对于创业者在决策、管理和企业发展中都起着至关重要的作用，如表 4-1 所示。

表 4-1　创业者的核心特质

核心特质	态度和行为
责任感与决策能力	(1) 顽强、具有决断力，能够迅速承担或交付责任 (2) 为了达到目标而保持的高度竞争性 (3) 解决问题的恒心，遵守纪律 (4) 愿意承受个人牺牲 (5) 投入
领导力	(1) 具有主动精神，高水准但不追求完美 (2) 团队的建设者和英雄的创造者，鼓舞他人 (3) 待人如待己 (4) 与所有帮助创造企业的人分享财富 (5) 诚实、可靠，建立信任感，公平行事 (6) 不做一匹独狼 (7) 出色的学习者和老师 (8) 耐心、具有紧迫感

核心特质	态 度 和 行 为
执着于创业机会	(1) 对客户的需求有敏锐的认识 (2) 市场驱动 (3) 执着于创造价值和提升价值
对风险、模糊和 不确定性的容纳度	(1) 承担预计过的风险 (2) 风险最小化 (3) 风险分摊者 (4) 管理悖论与矛盾 (5) 容忍不确定性与组织结构的缺陷 (6) 容纳压力与冲突 (7) 能够不断解决问题并对解决方案进行整合
创造、自我依赖和 适应能力	(1) 不受旧习约束，思维开放，独立思考 (2) 摆脱现状 (3) 能够调整和变化、主动解决问题 (4) 快速学习 (5) 不害怕失败 (6) 能够归纳总结形成概念以及"提取细节"
超越别人的动机	(1) 目标——结果导向 (2) 追求具有一定高度但可实现的目标 (3) 有达成目标与成长的驱动力 (4) 对地位与权力的需求低 (5) 人与人之间相互支持 (6) 意识到劣势与优势 (7) 有主见和幽默感

一、责任感与决策能力

成功的创业者具有强烈的责任感，能够勇于承担风险，并在关键时刻作出明智的决策。他们认识到决策不仅影响企业的未来，也关乎员工的生计和客户的利益。因此，他们会依靠直觉和经验，结合市场环境和企业实际做出最有利于企业长远发展的决策。

二、领导力

创业者需要展现出强大的领导力，包括自我激励、团队建设和目标设定等。他们不仅需要领导自己，还要能够激发团队的潜力，建立高效的团队，共同实现企业目标。同时，创业者还需要展现出诚实、可靠、信任和公平的品质，以吸引和留住优秀的人才。

三、执着于创业机会

创业者对创业机会有着敏锐的洞察力，能够识别出潜在的商机并紧紧抓住。他们不断观察市场变化，了解客户需求，通过创新和改进产品或服务来满足市场需求。同时，他们还需要具备持续学习和自我提升的能力，以不断适应市场变化。

四、对风险、模糊和不确定性的容纳度

创业过程中充满了风险、模糊和不确定性，成功的创业者需要具备较高的风险承受能力。他们不仅要有勇气面对风险，还要学会识别和管理风险，将风险控制在可承受的范围内。同时，他们还需要具备处理模糊和不确定性的能力，能够在信息不完备的情况下做出决策。

五、创造、自我依赖和适应能力

创业者需要具备创造力和自我依赖的能力，能够独立思考、解决问题并不断创新。他们还需要具备高度的适应能力，能够在复杂多变的市场环境中快速调整战略和策略。同时，创业者还需要具有坚韧不拔的品质，能够在困难和挫折面前坚持不懈地追求目标。

六、超越别人的动机

成功的创业者具有强烈的自我驱动力和超越别人的动机。他们不满足于现状，总是追求更高的目标和更大的成就。他们善于设定目标、制定计划并付诸实践，不断挑战自己的极限。同时，他们还需要具备清醒的自我认知和自我管理能力，以保持良好的心态和状态。

总之，成功的创业者需要具备多方面的能力和特质，这些能力和特质不仅能够帮助他们在创业过程中克服各种困难和挑战，还能够促进企业的持续发展和创新。因此，对于想要成为成功创业者的人来说，需要不断学习和提升自己的能力和素质，以应对不断变化的市场环境和竞争压力。

第三节　创业动机

创业动机是指激励创业者甘愿冒风险创立新企业的各种因素，它反映了创业者的初心和动力源泉。

一、创业动机的类型

创业者的创业动机多种多样，但总体上可以归纳为社会导向、个人成就、资源驱动和生存推动四种类型。

（一）社会导向

社会导向型创业动机主要关注社会发展和公众利益。这类创业者希望通过创办企业为社会创造财富，开发新产品或新技术，满足公众需求，并追求精神上的满足。他们不仅寻求物质回报，更重视企业对社会的贡献和影响力。例如，上汽通用五菱在疫情期间转产口罩，体现了为社会服务的决心。

（二）个人成就

个人成就型创业动机主要关注个人理想、价值实现和物质收益。这类创业者希望通过创业实现自己的职业梦想，提高生活质量，获得经济回报，并体现个人价值。他们可能因为对现有工作不满、渴望自由、追求挑战等原因而选择创业。当代大学生中，这种动机尤为普遍，他们渴望通过创业实现自己的理想和抱负。

（三）资源驱动

资源驱动型创业动机主要关注利用现有资源和技能。这类创业者通常在某个领域具有深厚的专业背景、丰富的经验和人脉资源。他们希望通过创业将自身资源和技能转化为商业价值，实现更高的价值创造。这类创业者通常具有敏锐的商业洞察力，能够抓住身边的商业机会。

（四）生存推动

生存推动型创业动机主要关注解决生存问题。这类创业者通常因为失业、就业压力、家庭危机等原因而被迫选择创业。他们的创业动机主要是谋生和就业，选择风险小、投入资本少、进入门槛低的行业。这类创业者通常更加注重短期收益和生存问题。

二、当代大学生的创业动机

根据《2017年中国大学生创业报告》，当代大学生的创业动机主要集中在个人成就型。其中，实现自由、赚钱和实现个人理想是他们最主要的动机。同时，也有一部分大学生受到资源推动和社会导向的影响，选择创业来发现商机、服务社会或响应国家号召。而生存推动型动机在大学生中相对较少，但仍有部分学生因为就业压力等原因选择创业。

总的来说，创业动机是多样化的，不同类型的创业者具有不同的动机。了解和掌握创业者的动机对于促进创业活动的健康发展具有重要意义。当代大学生的创业动机如图4-1所示。

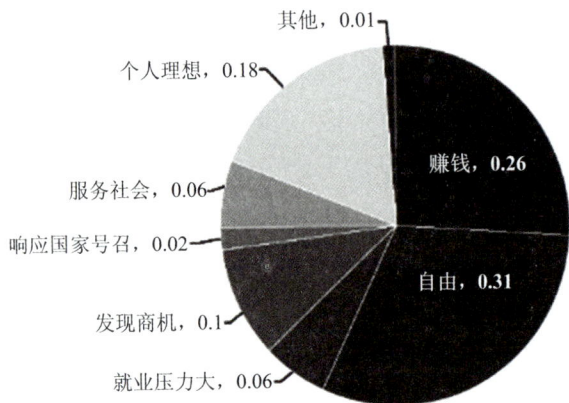

其他，0.01
个人理想，0.18
服务社会，0.06
响应国家号召，0.02
发现商机，0.1
就业压力大，0.06
赚钱，0.26
自由，0.31

图 4-1　当代大学生的创业动机

第四节　创业者的社会责任

一、社会责任的概念与内涵

社会责任的概念起源于英国著名学者奥利弗·谢尔顿（Oliver Sheldon）在其 1923 年的著作《管理哲学》中提出的观点。在这部具有里程碑意义的作品里，谢尔顿将企业社会责任与企业应承担的满足社会各方需求的责任相联系，强调了企业在追求经济利益的同时也应当考虑其对社会的影响，并承担起改善社会状况的职责。他的理论为后来探讨企业如何在道德和伦理层面上履行社会责任的研究奠定了基础。谢尔顿的观点揭示了社会责任不仅涉及企业的内部运营，还包括对外部社会贡献的重要性。

1953 年，霍华德·R. 鲍恩（Howard R. Bowen）在《商人的社会责任》中正式且明确地界定了企业家及其管理层应承担的社会责任范畴。他不仅强调了企业应自发地、以对社会福祉高度负责的态度从事经营活动，更勇敢地指出，即便此举可能暂时影响企业的利润空间，也是企业家追求更高层次社会价值的必经之路。这一观点无疑为企业社会责任的实践与发展注入了强大的动力。

20 世纪中叶，Keith Davis 提出著名的"戴维斯社会责任模型"（简称"戴维斯模型"），这是关于企业社会责任（CSR）的一个重要理论框架。它为企业如何理解并承担社会责任提供了一个结构化的视角。以下是"戴维斯模型"的主要内容。

第一，企业的社会责任来源于它的社会权力。企业对诸如少数民族平等就业和环境保护等重大社会问题的解决有重要影响力，因此，社会就必然要求企业运用这种影响力来解决这些社会问题。

第二，企业应该是一个双向开放的系统，既要开放地接受社会信息，也要让社会公开了解它的经营。为了保证整个社会的稳定和进步，企业和社会之间必须保持连续、诚实和公开的信息沟通。

第三，企业的每项活动、产品和服务，都必须在考虑经济效益的同时，考虑社会成本和效益。也就是说，企业的经营决策不能只建立在技术可行性和经济效益之上，还要考虑决策对社会的长期和短期影响。

第四，与每一活动、产品和服务相联系的社会成本应最终转移到消费者身上。社会不能希望企业完全用自己的资金、人力去从事那些只对社会有利的事情。

第五，企业作为法人，应该和其他自然人一样参与解决一些超出自己正常范围的社会问题。因为整个社会条件的改善和进步，最终会给社会每一位成员（包括作为法人的企业）带来好处。

国内学者周三多等在《管理学》一书中对社会责任作出了更清晰的定义：社会责任是企业追求有利于社会长远目标的一种义务，它超越法律与经济对企业所要求的义务。社会责任是企业管理道德的要求，完全是企业出于义务的自愿行为。

此外，《中华人民共和国公司法》(2018年修订)第五条明确规定了企业社会责任："公司从事经营活动，必须遵守法律、行政法规，遵守社会公德、商业道德，诚实守信，接受政府和社会公众的监督，承担社会责任。"这表明，社会责任在我国已具有法律地位，受到法律的约束。

二、创业者的个人道德

创业者的个人道德在创业过程中扮演着至关重要的角色。许多成功的创业者坚信，道德高尚和正直是获得长期成功的关键因素。根据杰弗里·蒂蒙斯和霍华德·史蒂文森对1983年参加哈佛商学院"企业主和总裁管理"活动的128位总裁和创始人的调查，可以得出以下结论。

1. 道德的重要性

72%的总裁和创业者认为道德是企业长期成功的最重要因素。这表明，在创业者和企业家的眼中，道德不是一个可选的附加品，而是实现长期成功的核心要素。

2. 道德在创业中的作用

多数创业者认为道德在促使其达到创业目标和企业长期发展中起着重要而敏感的作用。道德的力量能够促进社会的公平发展，从而为企业创造更良好的社会环境。

3. 创业者的道德品质

创业者在立志的同时应该立德。一个没有良好品德的创业者很难建立起伟大的事业。道德品质的缺失可能会导致企业在短期内取得成功，但长期来看，很难维持事业的持续发展和财富的不断增加。

4. 道德品质的积极作用

创业者的良好道德品质具有协调人际关系、激励员工奋发向上、引导舆论、创造文明企业文化环境的重要作用。这些作用能够增强员工的信任感、认同感和敬佩感，促进员工与创业者形成共同的价值观念和理想目标。

5. 诚实守信的重要性

诚实守信是创业者道德素质中最重要的方面。无论是在古代还是现代，诚实守信都被视为经营和社会交往的最高理念和体现人格的高尚品质。它甚至比金钱和生命更为宝贵，是企业家成功不可或缺的通行证。

综上所述，创业者的个人道德对于创业成功和企业长期发展具有不可忽视的重要性。诚实守信、正直和高尚的道德品质是创业者走向成功不可或缺的品质。

三、创业者应承担的社会责任

创业者在创业过程中要勇于承担社会责任，这不仅是对创业者的基本素质要求，也是创业成功的重要保障。社会责任的内容十分广泛，除了企业必须遵守法律规范和履行经济责任外，所有可能影响社会福利的事项都应纳入社会责任的范畴。创业者应承担的社会责任总体可分为以下五个方面。

1. 为人们提供优质的产品和服务的责任

创业者应致力于为消费者提供高质量、高性价比和实用性强的产品和服务，以满足社会大众的需求。通过持续创新和技术进步，企业可以建立可持续的竞争优势，并为消费者创造更多价值，为改善人们的生活质量作出贡献。

例如，苹果公司通过不断的技术创新，不仅提供了性能卓越的智能手机、电脑等电子产品，还通过 App Store 等平台，为消费者提供了丰富多样的应用程序和服务，极大地丰富了人们的生活。

2. 参与社会公益事业的责任

企业应根据自身现状和优势，积极参与社会公益事业，如医疗公共卫生、疾病防治、社会教育、福利设施等。通过实际行动回馈社会，尽自己的能力来促进整个社会的和谐发展。

例如，阿里巴巴集团通过"蚂蚁森林"项目，鼓励用户通过低碳行为获取虚拟"能量"，用于在荒漠化地区种植真树，帮助改善环境。同时，阿里巴巴集团还积极参与扶贫项目，通过电商平台帮助贫困地区销售农产品，增加农民收入。

3. 节约资源保护环境的责任

企业应主动节约能源和其他不可再生资源，减少消耗，减少企业活动对生态环境的破坏。通过产品创新和技术创新，研发绿色无污染产品，在生产中使用清洁能源，建立可持续发展的生产经营模式。

例如，特斯拉公司致力于电动汽车的研发和生产，通过替代传统燃油汽车，减少温室气体排放，为保护环境做出了贡献。同时，特斯拉还积极推广太阳能技术，通过太阳能充电站等设施为电动汽车提供清洁能源。

4. 保障员工安全健康和培养就业能力的责任

企业应确保员工的基本生活需求得到满足，并重视员工的生命安全和健康。同时，提供技能培训和发展机会，提升员工的就业能力和幸福感。

例如，华为公司为员工提供全面的福利待遇和职业发展机会，包括健康保险、员工培训计划等。此外，华为公司还设立了员工心理健康热线，为员工提供心理支持和帮助。

5. 经营管理行为符合道德规范的责任

企业应遵守良好的商业伦理，确保内部管理、产品设计、生产制造、营销手段等都符合道德规范。创业者应时刻提醒自己，所采取的经营管理行为是否符合道德要求。

例如，稻盛和夫在经营京瓷公司时，始终坚持"以心为本"的经营理念，强调企业的社会责任和道德责任。他提倡"利他之心"，将员工、客户、社会利益放在首位，通过诚实守信、公正公平的经营行为赢得了广泛赞誉。

第五节　创业团队的建立

一、创业团队的内涵

创业团队是指在创业初期，即企业正式成立之前或成立的早期阶段，由一群具有共同目标、能力互补、责任共担，并愿意为共同的创业目标而奋斗的人所组成的特殊群体。这个团队的形成旨在将各自的才能和资源结合起来，共同面对创业过程中的挑战和机遇。

创业团队通常包含以下四个典型要素。

（1）共同的目标。

共同的目标是将团队成员凝聚在一起的基石，所有成员都为了实现这个目标而努力。

（2）明确的角色。

团队成员各自扮演不同的角色，承担不同的职责，确保团队的高效运转。

（3）互补的人员。

团队成员在技能、经验和知识方面相互补充，形成强大的合力。

（4）具体的计划。

分阶段制定具体的工作计划，明确工作内容、方法和步骤，确保团队目标的实现。

尽管学者们对创业团队的定义尚未形成统一的标准，但我们可以从以下几个方面深入理解创业团队的内涵。

第一，创业团队是一个特殊的群体。这个群体中的成员都是为了创建新企业而聚集在一起的，他们拥有共同的愿景和价值观，并在共同奋斗的过程中形成了特殊的情感和凝聚力。这种凝聚力有助于团队成员在遇到困难时相互支持，共同解决问题。

第二，创业团队的绩效大于个体之和。团队成员之间的协作和沟通能够产生协同效应，使得整个团队的绩效超过个体成员独立工作的总和。这是因为团队成员之间的互补性和协作性能够充分发挥每个人的优势，弥补不足，从而提高整个团队的效率和创新能力。

第三，创业团队对创业成功具有重要影响。大量研究表明，一个优秀的创业团队是企业成功的重要因素之一。创业团队能够为企业提供独特的资源和能力，帮助企业抓住商机，应对市场变化，从而在竞争中脱颖而出。

第四，创业团队是高层管理团队的基础和最初的组织形式。在企业创立之初，创业团队就扮演着关键的角色。随着企业的成长和发展，新的管理层人员会在创业团队的基础上逐渐壮大，并延续创业团队原有的组织形式和价值观。因此，创业团队在企业的发展过程中具有深远的影响。

二、创业团队的角色构成

创业团队的角色构成对于其高效运作和成功至关重要。根据贝尔宾团队角色（Belbin

Team Roles)理论，一支结构合理的团队可以分为社交导向、行动导向和谋略导向三大类角色。但在创业团队的具体情境中，通常会从所承担的职能角度进行划分。

（一）基于贝尔宾团队角色理论的分类

1. 社交导向角色

外交家(Resource Investigator)：负责与外界建立联系，寻找和获取资源。

协调者(Co-ordinator)：负责明确团队目标，协调团队成员之间的关系。

凝聚者(Teamworker)：通过积极的社交行为，增强团队的凝聚力。

2. 行动导向角色

执行者(Implementer)：负责将计划转化为实际行动。

完成者(Completer-Finisher)：确保任务的圆满完成，注重细节和结果。

鞭策者(Shaper)：推动团队前进，挑战传统，鼓励创新。

3. 谋略导向角色

监察者(Monitor-Evaluator)：对团队和计划进行客观评估，提出改进建议。

智多星(Plant)：提供创新性的想法和解决方案。

专家(Specialist)：在特定领域拥有深厚的专业知识。

（二）基于职能角度的分类

1. 创始人

作为企业的带头人和掌舵者，创始人的特质和早期决策会对创业团队的风格乃至整个企业的运行产生重要影响。创始人通常负责筹集资源、吸引人才以及为企业制订长远的发展战略。

2. 核心员工

核心员工是能够完成不同职能，拥有不同才能和特质的人。核心员工的选择对企业的发展至关重要，他们的知识和技能是企业宝贵的资产。

3. 董事会

董事会是企业依法成立的监督机构，负责任命企业核心管理者、公布红利并监督企业重大事件。董事会可为初创企业提供指导，提高企业的资信。

4. 专业顾问

专业顾问是行业内的专家，可为创业团队提供重要建议和意见。专业顾问的专业知识和经验对创业团队的成功具有重要影响。

创业团队的好坏不仅取决于成员个人的素养和能力，还与他们之间的整体契合度密切相关。一个成功的创业团队需要成员之间能够优势互补，为企业带来大量的经验、知识、技能和社会网络等资源。因此，在组建创业团队时，需要充分考虑团队成员的角色定位和能力特点，以确保团队的高效运作和成功发展。

三、创业团队的组建

创业团队的组建是一个逐步完善的过程，涉及制订创业计划、招募合适成员、职权划分和调整融合四个关键步骤。创业团队的组建如图4-2所示。

```
制订创业计划 → 招募合适成员 → 职权划分 → 调整融合
```

图 4-2　创业团队的组建

1. 制订创业计划

创业团队的组建首先要建立在周密的创业计划之上。创业计划是对总体创业目标的详细分解，包括不同创业阶段所需完成的任务和目标，以及最终要实现的总体目标。这个计划需要从团队整体出发来制订，确保团队成员对创业方向和目标有清晰的认识。

2. 招募合适成员

在招募团队成员时，需要考虑互补性和适度规模两个方面。互补性是指团队成员在能力和技术上的互补，这有助于团队处理不同问题、完成不同任务。团队成员作为一个整体并肩协作，将发挥更加强大的能量。同时，适度的团队规模也是非常重要的，一般来说，创业团队至少需要有营销、管理和技术三方面的人才，但通常不超过12人，以确保团队能够高效运作。

3. 职权划分

职权划分是根据创业计划的需要，具体确定每个团队成员所需要承担的任务、职责和拥有的权限。这个过程需要确保每个成员都清楚自己的职责和权限范围，以便顺利开展工作。清晰明确的职权划分是保障团队成员高效执行创业计划的重要前提条件。

4. 调整融合

团队的调整融合是创业团队组建过程中的一个重要环节。企业在运作过程中，会逐渐暴露出制度设计、人员匹配、职权划分等不合理的地方。因此，需要根据创业过程中出现的各种问题，不断调整人员配置和职权的划分，以使创业团队能够顺利完成各项任务。这个过程需要团队成员之间的密切沟通和协作，以确保团队能够持续发展和壮大。

创业团队的组建是一个需要周密计划和持续调整的过程。通过制订创业计划、招募合适成员、职权划分和调整融合等步骤，可以逐步建立起一个高效、协作、互补的创业团队，为创业的成功打下坚实的基础。

实践训练

训练一：选择题

1. 关于创业者素质（　　）。

A. 创业者最应具备的是技术能力

B. 创业者必须拥有高学历

C. 创业者需要有良好的创新思维和领导能力

D. 创业者只需要有足够的资金

2. 创业团队的重要性（　　）。

A. 创业团队在创业过程中并不重要

B. 创业者可以独自完成所有工作

C. 创业团队能够提供更全面的资源和支持

D. 创业团队会降低工作效率

3. 创业团队的构建（　　）。

A. 创业团队成员的技能应完全一致

B. 团队成员之间的性格和兴趣应该完全相同

C. 创业团队需要多元化的技能和背景

D. 创业团队人数越多越好

4. 创业者的角色（　　）。

A. 创业者只是企业的投资者

B. 创业者只负责企业的日常管理

C. 创业者是企业愿景和战略的主要制定者

D. 创业者不需要参与企业的决策过程

5. 创业团队的沟通（　　）。

A. 创业团队中不需要有效沟通

B. 沟通是创业团队成功的关键

C. 沟通只会浪费团队的时间

D. 创业者只需要和个别核心成员保持沟通

6. 创业团队的领导力（　　）。

A. 创业团队中不需要领导力

B. 领导力只存在于团队领导者中

C. 每个团队成员都应该具备领导力

D. 领导力是团队成功的唯一因素

7. 创业团队的冲突管理（　　）。

A. 创业团队中不应出现任何冲突

B. 冲突应该被完全避免

C. 有效的冲突管理可以提高团队的创新能力

D. 冲突总是有害的

8. 创业者的决策能力（　　）。

A. 创业者应该避免做出任何决策

B. 创业者应该只依赖直觉做出决策

C. 创业者需要具备良好的决策能力

D. 决策是团队的责任，与创业者无关

9. 创业团队的激励(   )。

A. 团队成员的激励主要由薪水决定

B. 激励只是提高员工满意度的一种方式

C. 有效的激励可以提高团队的凝聚力和工作效率

D. 激励是多余的,因为团队成员应该自动为团队的成功而努力

10. 创业团队的目标(   )。

A. 创业团队的目标应该是短期的和具体的

B. 团队目标只需要由团队领导者制定

C. 团队目标应该与企业的长期愿景和战略相一致

D. 团队目标可以随时更改以适应新的市场情况

训练二:发现创业者和创业团队特质

以下是一个关于创业团队成员特质的表格类试题,旨在更全面地评估团队成员在创业过程中的关键特质。

序号	特质类别	特质描述	示 例 问 题
1	专业技能	技术或行业知识	团队成员是否具备项目所需的专业技能或行业知识
2	沟通能力	清晰表达与倾听	团队成员是否能够清晰表达自己的想法,并倾听他人的观点
3	团队合作	协作与配合	团队成员是否能够与他人合作,共同完成任务
4	创新思维	问题解决与创意产生	团队成员在面对问题时是否能够提出创新的解决方案
5	学习能力	自我提升与适应性	团队成员是否愿意学习新知识,并适应不断变化的环境
6	抗压能力	应对挑战与压力	团队成员在面对压力和困难时是否能够保持冷静和乐观
7	责任心	承诺与可靠性	团队成员是否能够对自己的工作负责,并按时完成任务
8	领导力	影响力与指导能力	团队成员是否能够在必要时展现领导力,指导他人
9	决策能力	快速决策与风险评估	团队成员是否能够在紧急情况下快速做出决策,并评估风险
10	灵活性	适应变化与调整	团队成员是否能够灵活适应项目需求的变化,并做出相应调整

05

第五章 创业商业模式

📖 **课程知识**

第一节 商业模式的内涵

在美国著名商学院的课堂中，商业模式是分析创业和企业运行的重要概念。管理学大师彼得·德鲁克曾说过："当今企业之间的竞争，不是产品之间的竞争，而是商业模式之间的竞争。"前时代华纳CEO迈克尔·邓恩认为，在经营企业的过程中，商业模式比高技术更为重要，因为前者是企业能够立足的先决条件。不管这种观点是否准确和完整，一个不争的事实是，企业必须选择一个适合自己的、有效的和成功的商业模式，并且随着客观情况的变化不断加以创新，获得持续的竞争力，从而保证企业的生存与发展。

一、商业模式的概念

商业模式是从全新的角度来考察企业，涵盖了企业资源获取、生产组织、产品营销、售后服务、研究开发、合作伙伴、客户关系、收入方式等几乎一切活动的内容。关于商业模式的定义，大致可以归纳为以下三类。

1. 盈利模式论

盈利模式论主要探讨的是企业或组织如何通过产品或服务的生产、销售和分发过程获得利润，强调企业探求所经营业务的利润来源、生成过程和产出方式，围绕企业如何盈利来配置资源和组织活动。

盈利模式的主要特点如下。

（1）价值创造与交换。

盈利模式的核心是通过产品和服务的提供来实现价值的创造和交换。这涉及企业内部的经营活动以及外部的市场需求、消费者需求等因素。

（2）核心竞争优势。

盈利模式应突出企业的核心竞争优势，包括技术、品牌、渠道等，以确保企业在激烈的市场竞争中脱颖而出。

（3）灵活性与适应性。

盈利模式需要具备灵活性和适应性，以便根据市场变化和企业发展战略进行调整和优化。

2. 价值创造模式论

价值创造模式是指企业在实现价值创造过程中所采取的一系列相互关联、相互作用的业务活动及其成本结构的组合方式。这些活动包括但不限于研发、生产、销售、服务等，旨在满足目标客户的需求，并为企业带来经济利益。它强调企业为客户创造价值，并通过企业结构及其合作伙伴网络来实现，旨在产生有利可图且得以维持收益流的客户关系资本。

价值创造模式的主要特点如下。

（1）以客户为中心。

价值创造模式始终围绕客户需求展开，通过深入了解和分析客户需求，确定企业的产品和服务方向。

（2）综合性。

价值创造模式涉及企业的多个方面，包括研发、生产、销售、服务等各个环节，需要企业各部门的协同配合。

（3）动态性。

市场环境、客户需求和竞争态势的变化都会影响价值创造模式的有效性，因此企业需要不断调整和优化价值创造模式。

3. 体系模式论

体系模式论主要探讨的是在一定范围内或同类事物中，按照一定秩序和内部联系组合而成的整体结构及其运行模式，通常被描述为一个由多种因素构成的系统或集合。

体系模式可以根据不同的领域和维度进行分类。例如，在教育体系中，有传统的教育模式、创新教育模式等；在商业模式中，有直销模式、订阅模式、广告模式等。每种体系模式都有其独有的特点和适用场景，需要根据具体情况进行选择和应用。

综上所述，商业模式是一个复杂而多维度的概念，它涵盖了企业的盈利模式、价值创造方式和整体运营体系。通过不断优化和创新商业模式，企业可以在激烈的市场竞争中脱颖而出，实现长期稳健的发展。

二、商业模式的分类

商业模式的分类可以从多个维度进行考察，以下是基于不同角度的分类方式。

1. 产业价值链的角度

（1）小系统（企业内）商业模式：企业内部形成的价值链，通过整合内部资源，优化生产流程，降低成本，提高效率。

（2）大系统（企业所处整个产业价值链）商业模式：企业不仅关注自身价值链的优化，还积极参与整个产业价值链的构建和整合，如企业集团通过整合产业链中的多个企业，共同创造价值。

2. 空间定位的角度

（1）虚拟空间商业模式：主要利用互联网工具进行运营，如新浪、搜狐等门户网站，以及百度、QQ、淘宝网等服务网站。这些企业主要通过提供线上服务、信息、娱乐等内容来营利。

（2）现实空间商业模式：指实体企业，如联想、海尔、国美、青岛啤酒等。这些企业主要通过生产和销售实体产品来营利。

3. 企业资本构成性质的角度

（1）以产业资本为主的商业模式：如格兰仕、长虹等以生产加工为主的企业，它们主要通过生产实体产品并销售给消费者来营利。

（2）以商业资本为主的商业模式：如沃尔玛、易初莲花等以商业零售为主的企业，它们主要通过采购商品并销售给消费者来营利。

（3）以金融资本为主的商业模式：如银行、信托公司、投资公司等，它们主要通过提供金融服务、投资等来营利。

（4）产业资本、商业资本相结合的商业模式：如国美、苏宁、海尔、联想等，这些企业既涉及生产制造，也涉及商业零售，通过多元化的业务来营利。

4. 企业生存依赖度的角度

（1）以偏重于融资模式为主的商业模式：这类企业高度依赖金融工具进行融资，以支持其业务发展。

（2）以偏重于管理模式为主的商业模式：这类企业主要通过优化内部管理、提高运行效率来营利。

（3）以偏重于营销模式为主的商业模式：如直销公司等，它们主要通过创新的营销手段来推广产品并营利。

（4）以偏重于生产加工为主的商业模式：如格兰仕等，它们主要通过大规模的生产制造来降低成本，提高营利能力。

总之，商业模式的分类是多样的，不同的分类方式反映了企业不同的经营特点和营利方式。同时，很多企业在实际运营中可能同时采用多种商业模式，以适应市场的变化和满足客户的需求。

三、商业模式的特点

商业模式作为企业运作的核心逻辑，具有一系列显著的特点，这些特点对于企业的成功和持续发展至关重要。以下是商业模式的主要特点。

1. 创新性

商业模式是创新的产物，不同企业、不同项目、不同资源背景下的商业模式各不相同。在市场环境发生变化时，企业需要不断重构自身的商业模式，以适应新的竞争环境和客户需求。

2. 有效性

商业模式的有效性体现在能够满足客户需求，并为企业和合作伙伴创造价值。有效的商业模式需要关注客户体验，确保客户满意度，并通过运行模式提升经济效益。同时，商业模式应能平衡企业、客户、合作伙伴和竞争者之间的关系，形成竞争优势。

3. 整体性

商业模式是一个由多个部分组成的整体系统，各组成部分之间需要相互支持和配合。一个好的商业模式应该具有清晰的结构和内在的逻辑联系，确保各部分协同作用，形成良性循环。例如，戴尔的直销模式正是通过其生态系统中各环节的协同作用，实现了高效的存货周转和低成本优势。

4. 差异性

商业模式的差异性体现在其独特性和不易被复制性上。一个成功的商业模式应该具有独特的价值主张和创新特性，使其在市场上具有竞争优势。差异性也为企业设置了模仿壁垒，增加了竞争对手复制和超越的难度。

5. 适应性

商业模式需要具有高度的适应性，以应对变化多端的客户需求、宏观环境和市场竞争。一个好的商业模式应该能够根据市场变化和客户需求进行灵活调整，保持其竞争力和生命力。适应性强的商业模式能够帮助企业在不断变化的市场环境中保持领先地位。

6. 持续性

商业模式的持续性体现在其长期有效性和稳定性上。一个成功的商业模式应该能够在一定时间内保持其竞争优势和营利能力，为企业带来持续的价值增长。持续性的商业模式需要企业具备前瞻性的思维和对市场趋势的敏锐洞察力，以确保在竞争激烈的市场环境中保持领先地位。

7. 生命周期特性

任何商业模式都有其生命周期，包括形成、成长、成熟和衰退等阶段。企业需要不断关注市场变化和客户需求，及时对商业模式进行更新和调整，以适应新的市场环境和发展趋势。在商业模式进入衰退阶段时，企业需要积极探索新的商业模式，以维持其竞争力和市场地位。

四、商业模式的核心要素

商业模式的核心三要素是顾客、价值和利润。一个成功的商业模式需要在这三个方面都表现出色，同时回答以下三个基本问题。

（1）企业的顾客在哪里？

企业首先要明确其目标客户群体。这涉及对市场的深入分析和研究，以确定哪些人是产品或服务的潜在买家或用户。了解他们的需求、喜好、购买习惯以及他们的生活方式，对于制定有效的市场策略至关重要。

（2）企业能为顾客提供怎样的（独特的）价值和服务？

企业需要确定其产品或服务如何为顾客创造价值。这不仅仅是指产品或服务的基本功能，更包括它们如何满足顾客的特定需求或解决他们的问题。一个独特的价值主张可以使企业在竞争激烈的市场中脱颖而出。

例如，亚马逊通过提供便捷的在线购物体验、广泛的商品选择、快速的配送服务以及顾客评价系统，为顾客创造了独特的价值。而 Airbnb 则通过允许个人出租闲置的房间或公寓，为旅行者提供了与传统酒店不同的住宿体验。

（3）企业如何以合理的价格为顾客提供这些价值，并从中获得合理的利润？

企业需要确定其定价策略，以确保在提供价值的同时，也能获得足够的利润来维持和发展业务。这涉及对成本、市场需求、竞争态势以及顾客支付意愿的深入了解。

一个成功的商业模式需要在这三个方面都取得平衡。它不仅要能够吸引和满足顾客，还要能够为企业创造利润，以确保企业的长期生存和发展。

一个成功的商业模式往往是对现有方法的有效改进或突破。它可能始于设计一种新产品或服务，以满足市场上尚未被完好满足的需求。例如，Uber 通过开发一款移动应用程序，将私家车主和乘客连接起来，提供了一种新型的出行方式。这种商业模式不仅满足了乘客便捷、经济的出行需求，也为私家车主提供了一种新的收入来源。

在构建商业模式时，企业还需要考虑其业务价值链的各个环节。这包括与生产相关的所有"后端"行为，如产品设计、原材料采购、生产制造等；以及与销售相关的所有"前端"行为，如寻找并接近客户、交易谈判、分销产品或服务等。一个成功的商业模式需要在这两个方面都取得协调和平衡，以确保整个业务的高效运转。

第二节　商业模式的模型

一、商业模式的组成

商业模式是一个企业在商业活动中，为实现其战略目标而采用的整体运营逻辑和策略体系。它涵盖了企业从融资、生产、管理到营利和营销等各个环节的方法和模式。商业模式的主要组成部分具体如下。

1. 融资模式

融资模式是指企业获得资本以支持其运营和发展的方式。这包括股权融资、债权融资、内部融资等多种方式。一个合理的融资模式需要考虑到企业的资金需求、融资成本、融资风险以及资本结构等因素。

2. 营利模式

营利模式描述了企业如何赚钱，即其收入和利润的来源。这包括产品销售、服务提供、版权收入、广告收入等多种形式。营利模式的设计需要考虑到企业的核心竞争力、市场需求、定价策略以及成本控制等因素。

3. 管理模式

管理模式是指企业如何组织和管理其内部资源和活动，以实现其经营目标。这包括企业的组织结构、管理流程、决策机制、激励机制等方面。一个高效的管理模式能够提高企业的运营效率，降低成本，增强企业的竞争力。

4. 生产模式

生产模式描述了企业如何生产产品或提供服务。这包括产品的设计、原材料的采购、生产流程的安排、质量控制等方面。一个高效的生产模式能够确保企业以最低的成本、最高的质量、最快的速度生产出满足市场需求的产品。

5. 营销模式

营销模式是指企业如何将其产品或服务推向市场，并吸引和保留客户的方式。这包括市场定位、品牌建设、渠道选择、促销策略等方面。一个有效的营销模式能够帮助企业更好地满足客户需求，提高市场占有率，增加销售额。

需要注意的是，商业模式的各个组成部分是相互关联、相互影响的。任何一种模式的改变都可能带来商业模式的变化，从而对企业的整体运营产生影响。因此，企业在设计商业模式时，需要综合考虑各个组成部分的协调性和一致性，以实现企业的长期成功和可持续发展。

二、商业模式九要素模型

商业模式的九要素模型从业务、运营和营利三个模块出发，详细解析了商业模式的主要组成部分。商业模式九要素模型如图 5-1 所示。

（一）业务模块

1. 产品价值

企业通过其产品和服务向消费者提供价值。这涉及产品和服务的功能、设计、定位等，以及企业如何通过产品价值提升来实现其在市场上的竞争优势。

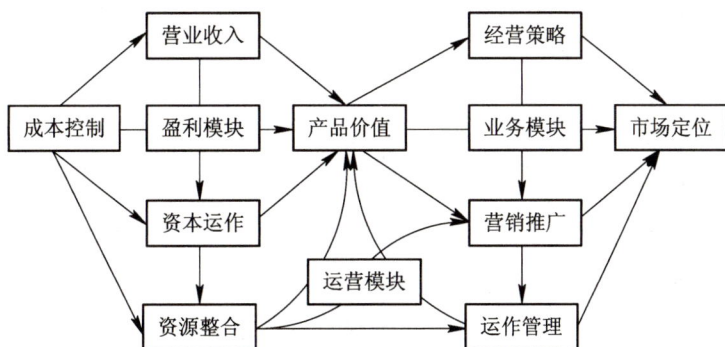

图 5 - 1　商业模式九要素模型

2. 经营策略

经营策略是指企业通过对商业环境的战略分析，向顾客有效地提供价值服务并实现企业利益最大化而形成的战略、策略、计划等。这包括市场定位、竞争策略、产品定价等。

3. 市场定位

企业根据竞争者现有产品在市场上所处的位置，针对顾客对该类产品某些特征或属性的重视程度，为本企业产品塑造与众不同的、令人印象深刻的形象，并将这种形象生动地传递给顾客。这涉及企业如何在目标市场中确立自己的位置。

（二）运营模块

1. 营销推广

营销推广即企业选择与消费者接触的各种途径，也即企业制定市场策略、开拓市场和建立销售渠道。这包括广告、促销、品牌建设等活动。

2. 运作管理

运作管理即企业在业务开拓中采用的运作模式和营运过程，也即企业整合公司资源并开展业务的方式。这涉及企业的供应链管理、生产管理、物流管理等方面。

3. 资源整合

资源整合即企业对不同来源、不同层次、不同结构、不同内容的资源进行识别与选择、汲取与配置、激活和有机融合的过程。这涉及资源的优化配置、资源整合的效率和效果等方面。

（三）营利模块

1. 营业收入

营业收入即企业在一定时期内通过销售商品、提供劳务和让渡资产使用权等日常经营活动所获得的经济利益的总流入。

2. 成本控制

成本控制即企业以成本作为控制的手段，通过制定成本总水平指标值、可比产品成本降低率以及成本中心控制成本的责任等，达到对经济活动实施有效控制的目的。这涉及企业的成本控制方法、成本控制效果等方面。

3. 资本运作

资本运作是企业实现盈利的另一种方式。它涉及企业如何运用资本进行投资、融资、并购等活动，以实现资本的增值和回报。

总体来说，商业模式的九要素模型涵盖了企业从业务、运营到营利的各个方面，为企业提供了一个全面的分析和优化框架。通过深入理解这九个要素，企业可以更好地理解其商业模式，找到优化和创新的方向，提高竞争力和营利能力。

第三节　商业模式的开发

商业模式的内容十分广泛，它涵盖了与企业活动相关的各个方面。现在经常提到的各种商业模式，如电子商务模式、B2B 模式、B2C 模式等，都是根据企业如何与市场互动、如何创造价值以及如何实现盈利来定义的。

商业模式描述了企业如何创造价值、传递价值和获取价值的基本原理。它详细说明了企业如何组织其资源（包括资金、人力、技术、物资等）来开展业务活动以满足客户需求，并实现企业的战略目标。

任何一个商业组织都有其特定的商业活动业务流程。这个流程通常涉及物流、信息流和资金流的协调和管理。物流指的是实物的流动，包括原材料的采购、产品的制造和分发等；信息流指的是数据的收集、处理和传递，它支持着企业的决策和运营；资金流则涉及资金的筹集、使用和回收，是企业经济活动的核心。

商业模式就是这一业务流程或其核心环节的抽象。它揭示了企业如何通过其独特的运营方式、组织结构、市场策略和技术创新等来实现其产品或服务的增值，并将其传递给客户。同时，商业模式也说明了企业如何通过这些活动来获取利润，以支持其生存和发展。

因此，商业模式是一个综合性的概念，它涉及企业的各个方面，包括产品或服务的设计、生产、销售、市场策略、组织结构、技术创新等。一个成功的商业模式应该能够清晰地描述企业的价值主张、目标客户、关键活动、关键资源、关键合作伙伴、成本结构、收入来源以及企业如何持续创造价值并获取利润等要素。

一、商业模式开发的原则

商业模式开发的原则是确保企业能够成功创造价值、实现竞争优势，并最终实现盈利。商业模式开发的主要原则有以下六项。

1. 适用性原则

商业模式应具有独特性，能够突出企业与竞争对手的差异。每个企业的商业模式都是独一无二的，应根据企业自身的特点、市场环境等因素来定制。适用性体现在如何为企业赢得顾客、吸引投资者和创造利润。

2. 有效性原则

商业模式的有效性体现在能够为企业带来最佳效益的盈利战略组合。在不同条件、不同时期下，商业模式应能够灵活调整，确保持续有效。

3. 客户价值最大化原则

商业模式应能够持续满足并最大化客户价值。不能满足客户价值的商业模式即使短期盈利也难以持久。客户价值最大化是企业追求的主要目标，能够确保企业长期盈利。

4. 资源整合原则

商业模式应能够优化资源配置，实现整体最优。通过内部价值链的优化、与产业链上下游企业的协同等方式可提高整体竞争能力。资源整合要体现有进有退、有取有舍的策略思维。

5. 创新原则

商业模式创新可能涉及对某个环节的改造、原有模式的重组甚至整个游戏规则的颠覆。创新贯穿于企业经营的整个过程，包括资源开发、研发模式、制造方式、营销体系等。创新是企业持续发展的动力源泉。

6. 前瞻性原则

商业模式应具有前瞻性，能够预见市场变化并提前做出反应。商业模式需要与企业长远的经营目标相结合，保持灵活性和适应性。前瞻性体现在商业模式的"将来式"，即对未来市场的预测和准备。

通过遵循以上原则，企业可以开发出具有吸引力、成功的商业模式，确保在竞争激烈的市场环境中保持竞争优势并实现持续盈利。

二、商业模式开发的内容

商业模式的开发是企业成功的关键因素之一，它涉及企业如何定义其运营方式、如何创造价值以及如何从这种价值中获利。在开发商业模式时，以下四个方面的内容需要被充分考虑：客户选择、价值获取、战略控制和业务范围。

1. 客户选择

客户选择是商业模式开发的首要步骤，它涉及如何确定企业的目标客户群。企业需要根据自身的资源和能力，选择那些最有可能接受其产品或服务，并为企业带来持续利润的客户群体。这包括了对客户需求的深入了解、市场细分以及目标客户群的确定。同时，随着市场环境和客户需求的变化，企业可能需要重新评估其目标客户群，并做出相应的调整。

2. 价值获取

价值获取是商业模式中的核心部分，它描述了企业如何从其提供的产品或服务中获取回报。传统的价值获取方式主要包括产品销售和服务收费。然而，随着市场的变化和客户需求的多样化，企业开始探索更加创新的价值获取方式，如提供融资、辅助产品、解决方案、价值链下游合作、价值分享、许可证经营等。这些方式可以帮助企业更好地满足客户需求，提高客户满意度，从而增加企业的收入和利润。

3. 战略控制

战略控制是商业模式中的关键要素，它描述了企业如何保护其利润流和维持竞争优势。战略控制包括一系列措施，如品牌建设、知识产权保护、客户关系管理、供应链管理等。这些措施可以帮助企业建立和维护与客户的长期关系，防止竞争对手的模仿和替代，确保企业能够在激烈的市场竞争中保持领先地位。

4. 业务范围

业务范围是商业模式中的重要组成部分，它描述了企业从事的经营活动、提供的产品和服务。在确定业务范围时，企业需要综合考虑自身的资源、能力、市场需求以及竞争环境等因素。同时，随着市场的变化和客户需求的变化，企业可能需要对其业务范围进行相应的调整和扩展。通过不断创新和改进产品和服务，企业可以更好地满足客户需求，提高市场份额和营利能力。

综上所述，商业模式的开发需要综合考虑客户选择、价值获取、战略控制和业务范围四个方面的内容。这四个方面相互关联、相互促进，共同形成了企业独特的商业模式。一个成功的商业模式应该能够确保企业在激烈的市场竞争中保持领先地位，实现持续盈利和增长。

三、商业模式构建的思路

商业模式构建的思路是确保企业能够找到一种既满足客户需求又能够为企业带来持续营利的运营方式。以下是构建商业模式的具体思路。

1. 借鉴同行的商业模式

借鉴同行的商业模式即研究和分析行业内成功企业的商业模式，了解它们的运营方式、价值主张、目标客户等关键要素。通过借鉴同行的商业模式，创业者可以获得宝贵的经验教训，避免走弯路，提高创业成功率。

2. 改进对手的商业模式

改进对手的商业模式即对竞争对手进行深入研究，了解他们的产品特色、市场份额、营销策略等。在知己知彼的基础上，寻找与竞争对手不同的市场定位和目标客户群体，提供更具针对性的产品或服务；以顾客为中心，不断优化产品和服务，提高客户满意度和忠诚度；密切关注市场变化和竞争对手的动态，及时调整和改进商业模式。

3. 寻找最佳的商业模式

寻找最佳的商业模式即遵循以顾客需求、市场策略和经营特色为中心的原则，构建独特的商业模式。好的商业模式应能够同时满足顾客和企业的需要，解决顾客的不满，并具有自身的特色。创业者应投入足够的时间和精力来设计适合自己的商业模式，确保公司能够长期在利润区内运营。

在构建商业模式的过程中，还需要注意以下几点。

（1）明确价值主张：确定企业提供的产品或服务的独特卖点，以及目标客户群体的需求。

（2）考虑营利模式：明确企业从产品或服务中获取收入的方式，确保营利的稳定性和增长性。

（3）构建价值链：对整个价值链进行拆解，确定企业在其中的角色和价值，找出优化和创新的空间。

（4）确定资源配置：合理配置人力资源、物质资源、技术资源等，以达到最大化效益的目标。

（5）考虑合作伙伴：选择合适的合作伙伴共同拓展市场、互补优势、降低成本等。

总之，商业模式构建是一个系统性的过程，需要创业者综合考虑多个方面的因素，以确保企业能够找到一种既满足客户需求又能够为企业带来持续营利的运营方式。

四、商业模式开发的步骤

商业模式开发的步骤是确保企业能够系统地规划和执行其商业战略，以下是详细的步骤说明。

1. 确定业务范围以寻求产品在市场中的最佳定位

（1）确定企业希望在哪个领域或行业开展业务。

（2）识别目标市场的需求和竞争态势，寻找最佳的市场定位。

（3）通过市场细分，选择特定的客户群体，以满足其独特的需求。

2. 分析和把握客户需求以锁定目标客户

（1）深入研究目标客户群的需求、偏好和行为模式。

（2）通过市场调研和数据分析，识别客户未被满足的需求和潜在的增长机会。

（3）锁定目标客户，确保产品或服务能够满足其需求，并与之建立稳固的关系。

3. 建立企业独特的业务系统以提高对手模仿的难度

（1）设计一套独特的业务活动系统，包括与客户、供应商、合作伙伴之间的交易关系和流程。

（2）确保业务系统能够支持企业的价值主张和营利模式，同时增加竞争对手的模仿难度。

（3）不断优化业务系统，以提高效率、降低成本，并增强企业的竞争优势。

4. 发掘企业的关键资源能力以形成核心竞争优势

（1）识别企业所拥有的关键资源能力，如技术、品牌、专利、人才等。

（2）评估这些资源能力对企业竞争力和价值创造的重要性。

（3）通过合理配置和利用关键资源能力，形成企业的核心竞争优势。

5. 构建独特的营利模式

（1）确定企业的收入来源和成本结构，以支持其业务模式。

（2）分析和比较不同营利模式的特点和优势，选择最适合企业的营利模式。

（3）创新营利模式，以应对市场变化和竞争压力，确保企业的营利能力。

6．提高企业价值

（1）优化企业的自由现金流结构，提高投资回报率。

（2）通过创新、扩张、兼并收购等手段，实现企业的持续增长和价值提升。

（3）加强企业治理和风险管理，确保企业的长期稳定发展。

五、商业模式开发注意事项

（1）商业模式并非一成不变，随着市场环境和客户需求的变化，商业模式也需要不断调整和优化。

（2）不能过度迷信商业模式，商业模式只是企业成功的因素之一，还需要关注其他方面的管理和运营。

（3）在商业模式开发的过程中，要充分考虑企业的资源和能力，确保商业模式的可行性和可持续性。

（4）商业模式创新是企业成功的关键之一，需要不断探索和尝试新的商业模式，以适应市场的变化和竞争的压力。

六、商业模式的持续创新

1．从模糊到清晰

新创企业在创建之初，其市场定位和商业模式往往并不明晰，甚至模糊，有的可能仅是一个设想。随着商业的具体运作开展，创业者会逐渐形成清晰的市场定位和商业模式。要达到这种状态，一些创业者可能要经历辛苦的探索，甚至痛苦的失败。

即使一个企业拥有良好的商业模式，但随着时间的推移，当环境出现重大变化时，如相关技术出现重大突破、相关政策法规发生重大变化、行业结构扁平化、消费偏好发生改变、众多模仿者在一夜之间出现等，使企业原有的商业模式不再具有竞争优势，这就需要企业及时调整。尤其是在中国这个经济和社会快速发展转轨的环境下，外部变化要求企业适应力同步提高。

在技术和信息方面，从20世纪90年代中后期以来，由于互联网的出现和迅猛发展，关于产品、价格等方面的信息搜寻成本大大降低，企业信息更加公开，人们很容易货比三家，市场力量也从卖方转向买方。网络作为一种无时空限制的新媒介，催生了许多新业务，也结束了许多旧业务，从而改变了行业结构和收入在企业之间的分配。另外，由于思想的传播异常迅速，当一个好的商业模式出现后，就会很快被仿效。而且，一个市场迟早会出现饱和现象，用户消费观念也会发生变化，企业的增长会因此而减速，收益会快速达到递减点。因此，企业的商业模式并不是，也不可能是一成不变的，它需要在实际运作中不断演变和调整。

2．从"复制"到"本土化"

经济发达的国家和地区，其产品和服务通常处于相对成熟的领先地位，也产生了很多比较成功的商业模式，值得创业者参考借鉴。越来越多的在海外学习和工作的华人希望发挥其信息和商业体验方面的优势，抓住国内的市场空缺机会回国创业。

一些留学生回国创业之初，常常希望最先把国外成功的商业模式以最快的速度拿到中国"复制"，不过又出现了"水土不服"的问题。原因是国内的商业基础设施（包括"软硬"环境）和消费者的需求与国外可能差别较大。那些成功者不是采取简单的"全盘复制"，他们的商业模式通常是从"复制"到"本土化"。例如，易趣最初的创业就是模仿 e-Bay 的商业模式，但在执行过程中，发现中国的商业基础设施及信用环境与美国大不相同，因此，易趣及时根据我国的实际情况进行了调整和新的尝试，终于获得成功。

在企业展开全球化经营的过程中，对商业模式的复制同样需要考虑消费文化上的差异，并进行必要而谨慎的调整。例如，星巴克主席霍华德·舒尔茨最初只想在美国设店以重现意大利的浓咖啡体验，因而他对任何破坏这种纯正体验的细节都异常敏感。他在各个方面都力图体现意大利的咖啡风情，例如，扩音器里只能播放意大利歌剧，侍者必须打领结，咖啡馆里没有椅子，只有供人倚靠的吧台。霍华德·舒尔茨还发誓永远不供应脱脂牛奶，他甚至觉得提到这个词就意味着背叛。菜单上都是意大利文，装修也极尽意大利风格。然而，他和他的同事们慢慢地认识到，意大利咖啡吧的许多细节在美国的西雅图并不适合。顾客们抱怨歌剧，员工们抱怨领结，人们想要椅子以便坐下来看报纸。因此他们开始根据顾客的需要调整咖啡馆——增加了椅子，改变了音乐，脱脂牛奶也上了菜单。霍华德·舒尔茨谨慎地进行了调整，以便在本土化的同时并不丧失原有的核心价值。渐渐地，一种美国版的意大利咖啡吧出现了。

沃尔玛在刚进入阿根廷时也遭遇过失败，因为超市里没有阿根廷人喜欢的肉类、当地妇女常用的化妆品，也没有 220 V 标准电压的电器。沃尔玛碰壁后，发现了这些需求差异，及时进行了必要的业务调整。

3. 持续创新

一个商业模式酝酿出来后，需要进行创新，以便更好地满足顾客的需求。

以星巴克为例，围绕核心产品——咖啡，星巴克延伸出了一些新的相关产品，如咖啡冰激凌、茶饮品，咖啡也推出浓、淡口味；除了在美国出售咖啡，其在全球许多国家和地区都设立了咖啡店，服务对象大为扩展；在支付方式上，允许用信用卡代替钞票，大大方便了咖啡爱好者。星巴克将其价值定位于完美的服务体验，而不是上等的咖啡。

研究发现，与专注于降低成本的方式相比，改善商业模式对提高企业在行业中的地位效果更为显著。例如，惠普收购康柏，以通过规模效应降低成本来加强企业竞争力；惠普通过与行业创新巨人 EMC 开展战略合作，进入军用计算机的存储市场，并取得了良好的业绩。

外部环境的变化会导致企业的商业机会发生变化，与此同时，企业自身的核心能力也在变化。企业可能实现的商业目标在不断变化，企业的使命和商业模式也需要不断调整，"与时俱进"地进行持续创新。

创新理论大师约瑟夫·熊彼特认为，创业者的核心作用在于实现生产要素的新组合。创新主要表现为开发新的产品、开发新的生产程序、采用新的组织方式、开辟新的市场与采用新的原材料五个方面。企业的具体商业模式的演进、商业模式的根本性变化，乃至整个企业"定义"的根本性改变，也可以从这五个方面来分析。

实践训练

训练一：选择题

1. 创业者在选择商业模式时，首先应该考虑的是（   ）。

A. 市场需求

B. 个人兴趣

C. 竞争对手

D. 技术趋势

2. 商业模式的核心目的是什么？（   ）

A. 追求企业规模

B. 最大化企业利润

C. 满足客户需求

D. 创新产品技术

3. 哪种商业模式更注重与客户的互动和个性化服务？（   ）

A. B2B（企业对企业）

B. B2C（企业对消费者）

C. C2C（消费者对消费者）

D. C2B（消费者对企业）

4. 在构建商业模式时，以下哪项不是必须考虑的因素？（   ）

A. 目标市场

B. 产品或服务定位

C. 创始人背景

D. 竞争环境

5. 以下哪项不是商业模式的构成要素？（   ）

A. 价值主张

B. 客户关系

C. 销售渠道

D. 企业文化

6. 商业模式画布中，"价值主张"主要关注的是（   ）。

A. 企业如何赚钱

B. 企业提供什么产品或服务

C. 企业如何吸引和保留客户

D. 企业如何与合作伙伴建立关系

7. 在创业初期，哪种商业模式更有助于快速验证市场需求？（   ）

A. 精益创业

B. 蓝海战略

C. 成本领先

D. 差异化战略

8. 在评估商业模式的可持续性时，以下哪项不是重要的考虑因素？（　　）

A. 市场规模

B. 客户需求

C. 创始人年龄

D. 竞争优势

9. 在互联网行业中，哪种商业模式更强调通过技术创新和用户体验来驱动增长？（　　）

A. 订阅模式

B. 共享经济

C. 电子商务

D. 平台经济

10. 商业模式创新通常包括哪些方面？（　　）

A. 产品创新

B. 市场创新

C. 技术创新

D. 组织创新

训练二：商业模式设计

一、背景描述

请描述一个你正在考虑或已经构思的创业项目，并简要概述其市场定位、目标客户群和核心竞争优势。

二、商业模式设计

（一）价值主张

请详细阐述你的产品或服务将如何满足目标客户的需求和期望。

（二）客户细分

描述你的主要目标客户群，包括他们的特征、需求和购买行为。

（三）渠道通路

你将如何与你的目标客户群进行互动和沟通？

（四）客户关系

你打算如何建立和维护与客户的长期关系？

（五）关键业务

描述你的核心业务活动，以及这些活动如何创造和传递价值给你的客户。

06

第六章 创业资源

第一节 创业与资源

一、创业资源的内涵

彼得·德鲁克在《管理的实践》中提出的创业战略观点强调了识别和利用资源对于创新企业成功的重要性。在创业的征途上，创业者们如同航海者一般，必须细致审视自己手中的资源罗盘。他们不仅要精准地评估自身资源的丰富程度与潜力，更要勇敢地扬帆出海，积极寻找和整合外部资源的海洋。更重要的是，他们需如巧匠般独具匠心地运用这些资源，以创新的方式为客户带来前所未有的价值。唯有如此，他们才能在风起云涌的市场浪潮中站稳脚跟，最终驶向成功的彼岸。

（一）创业资源的识别和重要性

1. 资源识别和评估

在创业初期，创业者首先需要识别和评估自己拥有的资源。这些资源可能包括财务资源、人力资源和运营资源。识别这些资源有助于创业者了解自己在市场上的优势和劣势，并据此制订创业策略。

2. 资源的重要性

资源是企业实现其目标的基础。没有足够的资源，企业很难在市场上立足。创业者必须意识到拥有足够的资源，特别是那些稀缺且难以获得的资源，对于企业的成功至关重要。

（二）创业资源的获取和整合

1. 资源获取

由于绝大多数创业者无法同时拥有所有类型的资源，因此他们必须学会从外部获取资源。这可以通过与其他企业合作、寻求投资、招聘员工等方式实现。

2. 资源整合

获取资源后，创业者需要将这些资源整合起来，形成自己独特的竞争优势。这需要创业者具备创新思维和战略眼光，能够发现不同资源之间的内在联系和潜在价值，并将它们有效地组合在一起。

（三）资源的特征和转化

1. 资源的特征

所有资源都具有被消费、存在竞争和代表成本的特征。这些特征决定了资源的使用方式和价值。创业者需要了解这些特征，以便更好地管理和利用资源。

2. 资源的转化

一种类型的资源可以转化为另一种类型的资源。这种转化可以通过销售、交换或投资等方式实现。创业者需要掌握资源转化的技巧和方法，以便在需要时能够迅速地将资源转化为所需的形式。

（四）创业资源的创新利用

为了保持竞争力，创业者必须以独特、具有重要价值的方式组合他们能够获得的资源。这要求创业者具备创新思维和创新能力，能够发现并利用资源的新用途和新价值。通过创新利用资源，创业者可以向客户传递新的价值。这种价值可能是产品的新功能、服务的新体验或企业的新形象。只有通过传递新的价值，创业者才能在市场上获得竞争优势并实现企业的长期成功。

创业者必须积极投身于为企业争取资源的征程中。资源的获取与交换，不仅是企业日常运营的重要环节，更是构建企业网络、拓展合作关系的基石。创业者需时刻保持对资源的敏感度和对创新的追求。只有这样，他们才能在竞争激烈的市场中立足，并为企业的发展奠定坚实的基础。

二、创业资源的种类

（一）财务资源

财务资源在新创企业中扮演着至关重要的角色，它们以货币形式存在，为企业的运营、发展、创新和扩张提供必要的资金支持。

1. 财务资源的种类

（1）库存现金。

库存现金是企业可立即获取并使用的资金，通常存储在企业的现金抽屉或银行活期存款账户中。库存现金具有高度的流动性和灵活性，是企业日常运营中不可或缺的资源。

（2）透支贷款。

透支贷款即企业通过与银行签订合约，可以在其活期存款账户余额不足时提取资金。这种贷款通常是短期的，利息较高，适用于紧急情况或临时性的资金短缺。

（3）贷款。

贷款是由金融机构或私人提供的资金，企业需要按照约定的方式、期限和利率偿还。贷款可以通过抵押有形资产来获得，这降低了贷款提供者的风险。

（4）未清偿债务。

未清偿债务是指个人或其他企业因购买企业的商品或服务而拖欠的款项。这些债务在偿还前通常有一定的宽限期，但也可能成为企业现金流紧张的原因之一。

（5）投资资本。

投资资本是指投资者向企业提供资金以获取企业的部分所有权或股份。投资者期望通过企业的盈利获得回报，这种回报通常与企业的业绩挂钩。

（6）其他经营投资。

其他经营投资是指企业可能投资于其他企业或项目，这些投资可能与本企业的主营业务不直接相关，但可能带来战略上的好处，如加强与供应商或客户的关系。

2. 财务资源的成本

财务资源的使用并非无成本。资本成本是获取资金时面临的直接成本，包括透支收费、贷款利息和投资者期望的回报等。此外，还有机会成本，即由于未将资金用于其他用途而损失了的潜在回报。例如，库存现金和未清偿债务的利息损失就是机会成本的一种体现。

3. 财务资源的流动性与生产力

财务资源是企业流动性最强、最灵活的资源，但它们本身并不直接创造新价值。只有当它们被转化为其他资源（如人力资源、运营资源等）时，才能为企业带来价值。因此，创业者需要实现一种平衡，既要保证企业的流动性和灵活性以应对短期和突发的财务需求，又要充分利用财务资源推动企业的发展和创新。

4. 流动性的管理

流动性管理对企业的成功至关重要。投资不足可能导致企业无法充分利用其潜力，而流动性太差则可能使企业面临短期的金融问题。创业者需要根据所处的经济环境和资本市场类型，合理管理企业的资金流动，维持流动性的平衡。在成熟的经济体中，财务资源通常由明确、开放的机构体系提供，如银行、风险投资公司和股票市场。而在其他地方，财务资源可能来自非正式的渠道，如家庭网络或社区支持。

财务资源是新创企业不可或缺的重要资源之一。创业者需要认真评估和管理自身的财务资源，确保企业的流动性和灵活性，以支持企业的持续发展和创新。

（二）营运资源

1. 营运资源的重要性

营运资源是企业日常运营中不可或缺的部分，它们直接关系到企业能否顺利向市场提供产品或服务。从房屋、设备到原材料，每一项资源都扮演着重要的角色，确保企业能够高效、安全地运作。

2. 营运资源的类型

（1）房屋或其他建筑物。这些资源不仅提供了企业运作的物理空间，还是企业展示其专业性和实力的标志。

（2）机动车。作为企业的移动资产，机动车在运输、销售和服务等方面发挥着重要作用。

（3）生产机器。对于制造业企业来说，生产机器是生产过程中的核心部分，决定了产品的质量和生产效率。

（4）原材料。原材料是生产过程中的基础，其质量和供应稳定性直接影响到产品的质量和企业的运营成本。

（5）储藏设备。这些设备用于储存成品，确保产品能够在需要时及时供应给市场。

（6）办公设备。办公设备是企业管理、沟通和协作的重要工具，能够提高工作效率和协作效果。

3. 有效利用营运资源

为了有效利用营运资源，创业者需要了解资源的各个方面，包括技术、法律、供应商和成本等。与供应商的合作关系尤为重要，因为良好的合作关系能够确保资源的稳定供应和成本的优化。

4. 资金投入与风险管理

对营运资源的资金投入必须基于企业产品的预期需求。由于需求的短期波动难以预测，企业往往需要承担一定的固定成本。为了降低这些成本对企业现金流的影响，创业者需要积极寻求降低固定成本的方法，如租赁而非购买设备、将部分工作外包给其他企业等。

营运资源是企业成功的关键因素之一。通过了解和有效利用这些资源，创业者能够为企业的发展打下坚实的基础。同时，他们还需要注意风险管理和成本控制，确保企业的稳定运营和可持续发展。

(三)人力资源

人力资源是企业成功的关键因素，它超越了财务和运营资源，为企业赋予独特的竞争优势。没有人的智慧和创新，再充足的资金和精良的设备也无法确保企业的成功。人力资源的多样性为企业带来了无限可能。

人力资源的组成形式多种多样，每一种都对企业的发展起着至关重要的作用。

1. 生产劳动

生产劳动直接贡献于企业的产品或服务，是企业实现价值转化的基础。

2. 技术知识

技术知识可为企业的产品或服务提供专业知识支持。无论是维护现有产品还是开发新产品，都离不开技术知识的支撑。

3. 商业服务供给

商业服务供给即在法律、会计等商业服务中提供专业的咨询和支持，确保企业的运营合规和高效。

4. 职能性组织技能

职能性组织技能是指在生产、运营规划、市场调查、销售管理等职能领域提供决策支持和组织技能，确保企业的内部管理和运作顺畅。

5. 沟通技能

沟通技能即通过与客户和投资者建立有效沟通，传递企业的价值理念和战略目标，为企业的市场拓展和资金筹集提供支持。

6. 战略及领导技能

战略及领导技能是企业成功的关键因素。通过有效的战略规划和卓越的领导力，领导者可以带领团队朝着既定目标稳步前进，实现企业的可持续发展。

创业者作为新创企业的起点，是企业最初也是最宝贵的人力资源。创业者需要学会充分利用自己的资源和技能，并识别和利用团队成员的长处，同时明确企业的技能需求和发展方向。

然而，仅仅拥有具备适合技能的人是不够的，如何激励他们为企业作出积极贡献同样重要。这需要创业者展现出卓越的视野和领导力，为员工创造一个安全、有激励性的工作环境。

人力资源是企业固定成本的一部分，在决定如何投资人力资源时，创业者需要综合考虑企业的需求、社会责任、培训投资以及员工的长期稳定性。员工不仅是资源，更是企业的宝贵财富，他们的满意度和忠诚度直接影响着企业的未来发展。因此，创业者必须谨慎地做出与人力资源相关的决策。

第二节　创业资源的来源

一、内部资源——大学生创业的基石

对于刚开始创业的大学生来说，内部资源是最宝贵的财富。这些资源主要包括创业者自身的知识技术资源，以及他们所占有的生产资料等，涵盖了个人所拥有的有形资产及无形资产。良好的内部资源对创业者的成功至关重要。

（一）现金资产

现金资产是创业初期最直接的资源，它包括了创业者可以随时支配的现金和银行存款。此外，易于变现的国债、股票等也可以视为现金资产的补充。

（二）房产和交通工具

这些资源不仅可以作为创业的硬件支持，如办公室、仓库或交通工具，还可以在需要时作为抵押品，向银行或其他投资人申请融资。但如果是按揭方式购置的，其价值就要大打折扣。

（三）技术专长

技术专长是大学生创业的核心竞争力之一。它既包括已申请成功的发明专利、实用新型专利和外观专利，也包括无形的专有技术、科研成果或对某个特定行业和领域的深入研究。这些技术专长能够转化为产品或服务，为创业者带来竞争优势。

（四）信用资源

信用资源是创业者在长期积累中形成的宝贵财富。一个具有良好信用的创业者更容易获得投资人的信任和支持，也更容易获得银行或其他金融机构的贷款。此外，良好的信用还能帮助创业者吸引更多的人才加入团队。

（五）商业经验

商业经验是创业者对市场经济和游戏规则的了解程度，以及对将进入的行业的深入理解。这种经验需要长期的实践和研究才能积累，它能够帮助创业者更好地把握市场机会，规避风险。

（六）家族资源

家族资源是大学生创业的潜在支持力量，它包括了经济支持、创业指导、学习机会、人脉关系甚至是客户资源。然而，要想真正利用好这些资源，需要获得家族权威者的认可和支持。

大学生在创业初期，虽然自身拥有的资源数量少、质量不高，但并不意味着他们无法创业。相反，他们可以通过不断积累内部资源，逐步获得创业所需的能力和资源。首先，大学生可以从自己的兴趣出发，打造个人专长，将兴趣转化为创业的基础和优势。其次，大学生可以通过实践和学习，不断提升自己的技术专长和商业经验，增强自己的核心竞争力。最后，大学生还可以积极利用家族资源，争取获得家人的支持和帮助。

总之，内部资源是大学生创业的基石。只有充分认识和利用好自己的内部资源，才能在创业道路上走得更远、更稳。

二、外部资源——创业者的重要支撑

外部资源是指创业者或新创企业并不直接拥有"归属权"，但通过某种利益共同点可以在一定程度上加以配置和利用的资源。这些资源对创业者的成功至关重要，因为它们能够弥补内部资源的不足，提供必要的支持和帮助。以下将重点阐述两种重要的外部资源，即创业者的职业资源和人脉资源。

（一）创业者的职业资源

职业资源是创业者在创业之前，在为他人工作时积累的各种资源，主要包括项目资源和人际资源。这些资源对于创业者来说具有极高的价值，因为它们往往基于创业者过去的工作经验和职业网络。创业者可以通过利用这些资源更快地找到市场机会，降低创业风险，提高成功率。

对于大学生创业者来说，虽然他们可能还没有丰富的职业经验，但他们可以通过在校期间积极参与各种实践活动、实习、志愿服务等方式建立与教师和行业专家的联系，积累职业资源。此外，大学生还可以关注校园内的创业活动和比赛，通过参与这些活动，结识志同道合的创业伙伴，积累项目资源。

（二）创业者的人脉资源

人脉资源是创业者最重要的外部资源之一。它涵盖了创业者与各种人群建立的联系和关系网络，包括同学、战友、同乡、朋友等。这些人脉资源能够为创业者提供信息、资金、技术、市场等多方面的支持，帮助创业者解决创业过程中遇到的各种问题。

对于大学生创业者来说，建立人脉资源尤为重要。他们可以通过参加各种社交活动、加入学生组织、参与创业社团等方式，积极扩大自己的社交圈子，结识更多志同道合的人。同时，大学生还可以利用校园内的资源，如创业导师、校友网络等，建立与成功创业者的联系，学习他们的创业经验和教训。

在建立人脉资源时，创业者需要注意以下几点：首先，要真诚待人，尊重他人，建立良好的人际关系；其次，要积极主动地与他人交流，分享自己的创业想法和计划，寻求支持和帮助；最后，要善于利用人脉资源，将其转化为创业过程中的实际支持。

总之，外部资源是创业者成功创业的重要支撑。创业者需要积极积累和利用这些资源，通过职业资源和人脉资源的结合，为创业之路提供强大的支持和保障。

第三节　创业资源开发

一、资源识别

1. 资源识别的概念

资源识别是创业过程中至关重要的一个环节，它涉及对创业所需资源的全面分析、确认，并最终确定所需资源的具体类型和数量。为实现创业的战略目标，创业者需要清晰地识别出自身现有的资源以及为达到目标所需额外获取的资源。这些资源通常可以归类为人力资源、社会资源、财务资源、物质资源、技术资源和组织资源等。

通过资源识别，创业者能够评估所需资源、当前资源与企业所面临的机会之间的差距，并据此制定相应的策略。一些资源可能直接用于创业过程，而另一些资源则可能需要经过整合或开发才能满足创业的需求。

2. 资源识别对创业的影响

资源识别对创业的成功具有重要影响。

（1）准确的资源识别有助于创业者把握和利用创业机会。

不同的创业项目、不同的创业阶段对资源的需求各不相同，准确的资源识别能够帮助创业者明确自己需要什么类型的资源以及需要多少资源。

（2）资源识别有助于创业者评估自身的实力和资源缺口。

通过对比现有资源和所需资源，创业者可以清晰地了解自己在资源方面的优势和不足，从而有针对性地制订资源获取计划。

（3）资源识别有助于创业者优化资源配置和利用效率。

通过识别出关键资源并制订相应的管理策略，创业者可以确保资源的有效利用，提高创业效率和成功率。

3. 资源识别的方式

资源识别的方式通常分为自下而上和自上而下两种。

（1）自下而上的资源识别。

自下而上的方式通常从创业者的商业运作概念模型出发，分析创业过程中需要投入哪些资源，然后逐一识别这些资源并开发、整合在一起以创造价值。这种方式适合那些已经有了初步创业想法但资源相对匮乏的创业者。

（2）自上而下的资源识别。

自上而下的方式则先从创业者的组织愿景和战略目标出发，向下逐层分解出所需的资源和能力。这种方式适合那些已经有了明确组织愿景和战略目标的创业者。

在实际创业过程中，创业者往往会将这两种方式结合使用，以更全面地识别所需的资源。无论采用哪种方式，创业者都需要具备一定的专业知识和社会联系，以便准确地识别资源并评估其潜在价值。同时，创业者还需要对资源供应商进行可靠性评价，以确保资源的稳定性和可持续性。

二、资源获取

1. 资源获取的概念

资源获取是在明确并识别了创业所需资源的基础上，通过利用其他资源或途径来获取这些资源，并使其服务于创新企业的过程。在创业初期，创业者的个人资源往往是创业的前提和基础。这些个人资源可能包括教育背景、经验、声誉、行业知识以及广泛的社会网络等。

2. 资源获取的方式

（1）购买：通过市场直接购买所需的资源。然而，一些特殊的资源如隐性知识等可能难以通过购买直接获得。

（2）联盟：与其他组织建立合作关系，共同开发或获取难以单独开发的资源。这种方式有助于获取显性知识和隐性知识资源，但前提是联盟双方资源和能力互补且存在共同利益。

（3）并购：通过股权或资产收购的方式，将外部资源内部化。并购通常适用于资源关联度较高的双方。

3. 影响资源获取的因素

（1）资源的可用性：资源在市场上的可获得性直接影响资源获取的方式和成本。

（2）成本：购买或获取资源的成本是创业者必须考虑的重要因素。

（3）市场前景：如果快速进入市场能够带来明显的成本优势，那么外部购买可能是更合适的选择。

（4）资源供应商的信任：对于新创企业来说，取得资源供应商的信任是获取所需资源的关键。创业者可以通过展示企业的成功前景和潜力来鼓励供应商进行资源投资。

（5）创业者的个人资源：创业者的声誉、能力、行为以及其他人力资源和社会资源对吸引潜在合作者至关重要。

4. 资源获取在创业过程中的作用

资源获取贯穿于创业的全过程，尤其在创业初期其作用更为显著。创业者需要不断地识别、获取并整合各种资源以支持企业的成长和发展。在这一过程中，创业者可能会利用一种资源（如社会网络资源）作为杠杆，来撬动和吸引其他资源（如财务资源），从而为企业创造更多的价值。

5. 资源获取的策略

在资源获取过程中，创业者可以采取多种策略。

（1）主动寻找：通过市场调研、网络搜索等方式主动寻找所需的资源。

（2）建立合作：与其他组织或个人建立合作关系，共同开发或获取资源。

（3）利用杠杆：利用已有的资源作为杠杆，吸引和撬动其他资源。

（4）优化资源配置：根据企业的实际需求和资源状况，合理配置和使用资源，提高资源利用效率。

三、资源配置

资源配置是指企业在成功获取必要资源后，对资源进行优化调整，使其相互匹配、互补，从而形成独特竞争力的过程。这一过程对于发挥资源的最大价值、产生最佳效益至关重要。

1. 资源配置的重要性

（1）资源价值的体现。企业获取的资源在未经过合理配置之前，大多是零散的、非系统化的。只有通过合理的配置，资源才能被有效地利用，从而体现出其真正的价值。

（2）形成独特竞争力。通过科学的资源配置，企业可以将不同类型的资源进行综合、集成和激活，形成新的、有价值的资源，进而形成独特的核心能力，增强企业的竞争力。

（3）创业团队的优势。在创业团队中，成员们各自拥有不同的经历、教育背景、社会关系、财务资源和识别能力。通过合理的资源配置，这些不同的资源得以有效融合，形成新的、持续的竞争优势。

2. 资源配置的方法

（1）资源的综合、集成和激活。

企业需要对获取的资源进行综合、集成和激活，使其形成一个有机整体。这一过程中，需要运用科学方法对各种类型的资源进行再建构，使之具有较强的柔性、条理性、系统性和价值性。

（2）资源的评价。

如何配置资源主要取决于创业者对资源所作出的评价。这包括对资源的种类、特质以及与其他资源的关系进行深入分析，从而确定最佳的配置方案。

（3）适应行业环境。

资源配置不仅要考虑资源的内部匹配性，还需要考虑外部的行业环境。创业者需要使配置的资源适应特定的行业环境，以确保资源的有效利用和企业的成功发展。

（4）开发新资源。

在资源配置的过程中，创业者还需要关注新资源的开发。通过不断开发新的资源，企业可以保持其竞争优势的持久性和可持续性。

3. 资源配置的灵活性

资源配置的过程需要体现出灵活性。这意味着创业者不仅要使配置的资源适应当前的行业环境，还要在未来环境的变化中及时调整资源配置方案，以保持企业的竞争力和适应性。

综上所述，资源配置是创业过程中至关重要的一个环节。通过合理的资源配置，企业可以发挥资源的最大价值，形成独特的竞争优势，从而在激烈的市场竞争中脱颖而出。

四、资源利用

资源利用是创业过程中至关重要的一个环节，它涉及将所获取并经过匹配的资源转化为市场能力，进而通过资源的有效运用来生产产品或服务，最终为客户创造价值。在资源识别、获取、配置之后，企业需要利用这些独特的资源能力或竞争优势来赢得市场份额。资源利用的过程主要包括资源的协调与拓展两个方面。

1. 资源的协调

资源的协调是资源利用的首要步骤。在资源被整合并转化为企业内部的独特优势之后，创业者需要仔细协调各种资源之间的关系，确保它们能够相互支持、形成合力。协调的目标是将互补的资源有效地搭配在一起，以弥补各自的不足，创造一种竞争对手难以模仿的独特价值。这种协调不仅有助于资源发挥最大的效用，也可为后续的资源拓展奠定坚实的基础。

2. 资源的拓展

资源的拓展是在资源协调的基础上，进一步开发和利用潜在资源的重要阶段。拓展资源意味着在现有资源的基础上，通过创新、合作或其他方式，发掘和利用更多的资源，以支持企业的持续发展。这一过程也称为资源的再开发。资源拓展不仅有助于企业实现财富的创造，更重要的是，它能够在实现资源价值的基础上，进一步拓展资源库，开拓资源的范围和功能，为企业未来的资源识别、获取、配置和利用奠定坚实的基础。

需要强调的是，资源识别、获取、配置和利用这四个环节并不是完全线性的过程，而是相互交叉、相互迭代的。在获取资源的过程中，创业者可能就已经开始了对资源的整合和配置，以吸引更多有效的资源到企业中来。同样，在利用资源的过程中，根据资源本身的特质和存在的问题，创业者可以进一步调整资源的配置，甚至剥离一些无用的资源，以创造基于资源优势的竞争优势。

资源利用是创业过程中不可或缺的一环。通过有效的资源协调与拓展，企业能够充分发挥资源的价值，形成独特的竞争优势，并在市场上取得成功。同时，创业者需要认识到资源利用过程的交叉性和迭代性，不断优化和调整资源配置，以支持企业的持续发展和创新。

第四节　新创企业不同发展阶段资源的需求

新创企业的发展通常可以划分为种子期、起步期、成长期和成熟期四个阶段。每个阶段都有其独特的资源需求，并需要采取相应的资源整合策略。

一、种子期

1. 资源需求

（1）研发驱动。在种子期，企业主要依赖研发来推动产品或服务的创新，因此研发资源是关键。

（2）创业团队。此阶段，企业尚未形成完整的商业计划，但已初步确定创业团队的合作意向。因此，构建和发展一个高效的创业团队至关重要。

（3）社会资源。由于企业尚未完成注册登记，资金、产品和营销模式都未确定，广泛有效的社会资源（如政府支持、行业关系等）对于企业的生存和发展至关重要。

2. 资源整合策略

（1）以研发为中心。企业应将有限的资源集中投入到研发中，推动产品或服务的创新。

（2）建立创业团队。通过选拔和培养优秀的团队成员，构建一个高效、协作的创业团队。

（3）利用社会资源。积极寻求政府、行业等外部资源的支持，以弥补内部资源的不足。

在种子期，新创企业需要以研发驱动为重点大力发展创业团队，并实施有效的资源整合战略。同时，企业需要充分利用社会资源为未来的发展奠定坚实的基础。

二、起步期

1. 资源需求

（1）技术资源。随着产品的初步开发，企业开始关注技术资源的获取和积累，以形成技术优势。

（2）财务资源。随着业务量的增加，企业对财务资源的需求也日益迫切。

（3）市场需求。通过市场调研和与客户沟通，了解市场需求和竞争情况，为产品的市场推广打下基础。

2. 资源整合策略

（1）加强技术研发。通过自主研发、合作开发或引进外部技术等方式，不断提升企业的技术实力。

（2）筹集资金。通过自筹资金、银行贷款、天使投资等方式筹集资金，以满足企业发展的需要。

（3）了解市场需求。通过市场调研和与客户沟通，深入了解市场需求和竞争情况，为产品的市场推广制定合适的策略。

在新创企业的起步期，资金资源和技术资源是企业发展的关键。企业需要重点关注这两个方面的资源配置，同时积极寻求各种融资渠道，确保企业的资金需求得到满足，为企业的进一步发展奠定坚实的基础。

三、成长期

1. 资源需求

（1）人才资源。随着企业规模的扩大，对各类人才的需求增加，包括管理人才、技术人才和销售人才等。

（2）市场资源。企业开始寻求更多的市场机会，扩大市场份额，因此需要更多的市场资源支持。

（3）品牌资源。随着企业知名度的提升，品牌资源的重要性日益凸显。

2. 资源整合策略

（1）招聘优秀人才。通过各种渠道招聘优秀人才，满足企业发展的需要。

（2）拓展市场。通过参加展会、开展营销活动等方式拓展市场，提高市场份额。

（3）建立品牌。通过广告、公关等手段提升品牌知名度和美誉度。

在成长期，新创企业需要更加注重资源的整合和优化配置，从组织管理角度出发，加强人力资源、技术资源和品牌资源的建设和管理，以实现持续健康的成长和发展。

四、成熟期

1. 资源需求

（1）持续创新。在成熟期，企业仍需要保持持续的创新能力，以应对市场的变化和竞争的压力。

（2）优化管理。随着企业规模的扩大和业务的复杂化，优化管理体系和提高管理效率成为关键。

（3）拓展国际市场。对于有实力的企业来说，拓展国际市场是进一步提升企业竞争力的重要途径。

2. 资源整合策略

（1）加大研发投入。保持对研发的投入，推动产品和服务的持续创新。

（2）优化管理体系。通过引入先进的管理理念和方法，优化管理体系，提高管理效率。

（3）拓展国际市场。通过参加国际展会、建立海外销售渠道等方式拓展国际市场。

在成熟期，企业应正确处理商机、资源和团队之间的关系，利用自身优势寻找新的发展空间，同时加强社会资源整合和持续投入研发，以保持企业的竞争力和持续发展能力。

新创企业的发展，一般要经历种子期、起步期、成长期、成熟期四个发展阶段。在不同的发展阶段，企业的资源需求状况会发生相应的变化，也就是新创企业的资源需求重点会发生转移。因此，在企业的不同发展阶段，应有不同的资源整合策略。

实践训练

训练一：选择题

1. 创业者在选择创业资源时，首要考虑的因素通常是（　　）。

A. 资金成本　　　　　　　　B. 技术可行性

C. 市场需求　　　　　　　　D. 个人兴趣

2. 在创业过程中，对于产品开发和市场推广最为关键的资源是（　　）。

A. 人力资源　　　　　　　　B. 原材料

C. 营销渠道　　　　　　　　D. 知识产权

3. 对于初创企业而言，哪种类型的资源获取方式最为经济高效？（　　）

A. 自主研发　　　　　　　　　B. 购买现成

C. 合作共享　　　　　　　　　D. 租赁使用

4. 创业者在选择合作伙伴时，最重要的考虑因素是（　　）。

A. 合作伙伴的财务状况　　　　B. 合作伙伴的技术实力

C. 合作伙伴的信誉和口碑　　　D. 合作伙伴的地理位置

5. 在创业过程中，资金短缺时，创业者通常会采取哪种措施？（　　）

A. 减少人员开支　　　　　　　B. 寻求风险投资

C. 推迟产品开发　　　　　　　D. 加大市场推广力度

6. 对于技术型创业者来说，以下哪种资源最为宝贵？（　　）

A. 专利和知识产权　　　　　　B. 充足的现金流

C. 广泛的客户基础　　　　　　D. 强大的销售团队

7. 在创业过程中，哪种资源可以帮助企业快速适应市场变化？（　　）

A. 灵活的组织结构　　　　　　B. 先进的生产设备

C. 丰富的行业经验　　　　　　D. 优质的售后服务

8. 创业者在选择创业地点时，以下哪个因素最为重要？（　　）

A. 政策支持　　　　　　　　　B. 交通便利

C. 人才聚集　　　　　　　　　D. 市场需求

9. 创业初期，以下哪种资源对于企业生存最为关键？（　　）

A. 稳定的客户群

B. 高效的供应链

C. 创新的产品

D. 丰富的行业经验

10. 于初创企业而言，哪种资源可以帮助企业降低运营风险？（　　）

A. 多元化的产品线

B. 专业的法律咨询

C. 高效的物流体系

D. 广泛的营销网络

训练二：关键资源管理与优化

一、题目描述

作为一位创业者，你需要对创业过程中的关键资源进行有效管理与优化。以下是一个假设的创业场景，请根据这个场景填写相应的表格，并给出你的分析和建议。

场景：

你正在创办一家专注于智能家居产品开发与销售的公司。在创业初期，你需要评估并整合以下关键资源：资金资源、人力资源、技术资源、市场资源和合作伙伴资源。

二、表格填写

请填写以下表格，对你所需的关键资源进行评估和管理。

资源类型	评 估 指 标	当前状态	优先级	优化策略
资金资源	资金来源稳定性、资金规模			
人力资源	团队规模、成员能力、团队凝聚力			
技术资源	技术领先性、技术成熟度、技术保护能力			
市场资源	市场调研深度、市场定位准确性、客户关系维护能力			
合作伙伴资源	合作伙伴数量、合作稳定性、合作效果			

三、分析与建议

分析：

1. 请根据你填写的表格内容，分析当前创业过程中各类资源的优势和不足。

2. 思考如何针对不足之处制定相应的优化策略。

建议：

基于你的分析，给出具体的优化建议。例如，对于资金资源，你可能需要寻找更多的融资渠道；对于人力资源，你可能需要加强团队建设和培训；对于技术资源，你可能需要加大研发投入或与外部机构合作；对于市场资源，你可能需要增加市场调研的深度和广度；对于合作伙伴资源，你可能需要寻找更多可靠的合作伙伴。

07

第七章 创业融资

学习目标

（1）知识目标：理解创业融资的概念与重要性，掌握创业融资的主要方式，了解融资过程中的关键要素，学习融资策略与技巧。

（2）能力目标：提高融资需求分析与规划能力以及融资风险评估与应对能力。

（3）思政目标：培养融资风险意识。

课程知识

第一节　创业融资概述

创业融资是创业者在创立和发展企业过程中，根据自身创业项目的情况和未来经营发展的需要，通过一定的渠道或方式筹集资金的过程。这个过程涉及多个方面，需要创业者具备全面的知识和准备。创业融资的主要目的是满足创业过程中的资金需求，包括启动资金、运营资金、扩张资金等。通过融资，创业者可以确保企业的正常运转和持续发展。

一、创业融资的概念与特点

（一）创业融资的概念

创业融资是指创业者为了满足创业项目在启动、运营和扩张等阶段的资金需求，从自身生产经营及资金运用情况出发，根据未来经营发展的需要，通过特定的渠道或方式筹集资金的一种经济行为。这个过程涉及资金的筹集、使用和管理，对于企业的成功创立和持续发展至关重要。

（二）创业融资的特点

1. 融资市场化

创业企业在初期往往缺乏自我积累的资金，难以满足技术创新和业务拓展的高投入需求。因此，从外部市场取得外源融资成为创业者必须面对的问题。市场化融资意味着创业者需要根据市场规则和投资者需求来筹集资金，通过市场竞争获取资源。

2. 融资多元化

创业企业的融资需求多样且复杂，包括启动资金、研发资金、运营资金等。为了满足这些需求，创业者需要从多种渠道筹集资金，如银行贷款、风险投资、天使投资、政府补贴等。多元化的融资方式可以为企业提供更加灵活的资金来源，降低单一融资方式带来的风险。

3. 融资组合化

在融资过程中，创业者需要根据企业的实际情况和市场环境合理组合不同的融资方式。这是因为不同的融资方式具有不同的风险和收益特征，适用于不同的发展阶段和融资需求。通过实施融资组合化，创业者可以更好地分散风险、降低融资成本，并为企业创造更大的价值。

4. 融资社会化

创业企业的融资活动需要社会各方面的支持和参与。这包括政府的政策引导、金融机构的信贷支持、风险投资机构的资金支持以及社会各界人士的关注和帮助。社会化融资意味着创业者需要积极争取社会资源，加强与各界的合作和交流，共同推动企业的发展。同时，政府和社会各界也需要为创业企业提供更加良好的融资环境和政策支持，促进创业企业的健康成长。

二、创业融资的基本类型

创业融资可以从多个角度进行分类，以下是基于资金来源和融资方式的主要分类方式。

（一）内源融资与外源融资

1. 内源融资

（1）定义。内源融资是指企业依靠其内部积累进行的融资。

（2）形式。内源融资的形式包括资本金、折旧转化为重置投资和留存收益转化为新增投资。

（3）特点。内源融资具有原始性、自主性、低成本性和抗风险性等特点。可以减少因信息不对称问题及与此有关的激励问题所引起的交易费用，降低融资成本，增强企业剩余控制权。

（4）制约因素。内源融资受企业的营利能力、净资产规模和未来收益预期等方面的制约。

2. 外源融资

（1）定义。外源融资是指企业通过一定方式从外部融入资金的融资。

（2）形式。外源融资包括银行借款、发行债券、融资租赁和商业信用等负债融资方式，以及吸收直接投资、发行股票等权益融资方式。

（3）特点。外源融资对企业的资本形成具有高效性、灵活性、批量性和集中性等特点。

3. 内源融资与外源融资的关系

内源融资与外源融资的关系是辩证的。在创业初期，企业主要依赖内源融资来积累资金。随着企业的逐步成长和扩张，当内源融资无法满足企业的资金需求时，外源融资成为主要的融资手段。而当企业达到一定规模后，随着内部积累能力的增强，企业可能会逐步减少外源融资的总量，更多地依赖内源融资来支持其进一步发展。

内源融资是外源融资的基本保障，而外源融资的规模和风险必须以内源融资的能力来衡量。在决定采用外源融资时，企业需要充分考虑自身的内源融资能力，确保外源融资的规模和风险是可控的。

（二）直接融资和间接融资

1. 直接融资

（1）定义。

直接融资是指不经金融机构的媒介，由政府、企事业单位及个人直接借给企业或投入企业的融资活动。这种融资方式下，资金供求双方直接进行资金融通，资金直接用于生产、投资和消费。

（2）特点。

① 直接性。资金供求双方直接交易，无需金融机构作为中介。

② 长期性。通常用于长期投资，如股票投资。

③ 不可逆性。如股票投资，投资者购买股票后无需归还本金。

④ 流通性。股票和债券等金融工具可以在证券市场上自由买卖。

（3）工具与形式。

① 工具。直接融资的工具包括商业期票、商业汇票、股票和债券等。

② 形式。直接融资的形式有买卖有价证券、政府拨款、占用其他企业资金、民间信用借款、内部集资、预付货款和赊销商品等。

③ 优势与局限性。直接融资的优势是企业处于主动地位，对融资的时间、数量、成本等均可主动选择，总量上不受资金来源限制。局限性是易受融资双方资信的限制，受融资的时间、地点、范围的限制，成本通常高于间接融资。

（4）信息不对称影响。

在直接融资中，由于信息不对称，投资者要求资金使用者的经营活动具有较高的透明度，这增加了新创企业的信息披露和公证费用。同时，信息不透明程度越高，资金提供者所要求的风险补偿就越高，这限制了新创企业的融资能力。

2．间接融资

（1）定义。

间接融资是指通过金融机构作为信用媒介，由最后借款人间接向最后贷款人进行的融资活动。如企业向银行、信托公司等金融机构进行融资。

（2）特点。

① 间接性。资金供求双方不直接交易，而是通过金融机构作为中介。

② 集中性。金融机构将众多供应者的资金集中起来贷给需求者。

③ 安全性。金融机构具有严格的信用评估和风险管理制度，确保融资安全。

④ 周转性。金融机构的资金可以循环使用，提高资金利用效率。

（3）交易媒介。

间接融资包括货币、存款、银行汇票等。

（4）其他形式。

融资租赁、票据贴现等也属于间接融资。

（5）优势。

由于金融机构的资金实力雄厚，内部管理严格，风险可以得到有效分散和管理，因此间接融资的融资风险较小，信誉度高，稳定性强。

（6）金融机构作用。

在间接融资中，金融机构能够以较低的成本对资金使用者进行甄别，并通过合同对资金使用者的行为进行约束和监督，对资金使用者信息透明度的要求相对较低。这使得银行信贷成为新创企业外部融资的常用方式。

（三）债权融资和股权融资

1．债权融资

（1）定义。

债权融资是指企业通过向个人或机构投资者出售债券、票据等筹集资金，借出方则成为企业的债权人，获得该融资企业还本付息的承诺的融资活动。

（2）主要渠道。

金融机构贷款、向亲朋好友借贷、民间信用借款、租赁融资、企业债券（企业向社会公众发行债券）以及政府借贷等。

（3）特征。

① 短期性。短期债权融资操作简单、时间短、利率高、额度小，不能为企业提供长期资金支持。

② 有借有还。企业必须根据借款协议按期归还本金并支付利息。

③ 财务杠杆作用。债权融资能提高企业所有权资金的回报率。

④ 税盾效应。债权融资的成本可计入企业财务成本，冲减应税所得额。

⑤ 债权控制。形成债权人对企业的债权控制，不直接影响企业的股东及股权结构。

2．股权融资

（1）定义。

股权融资是指企业的股东愿意让出部分企业所有权，通过企业增资的方式引进新的股东的融资方式。

（2）主要渠道。

天使投资、风险投资、与其他企业合资、争取国家财政投资、公开向社会募集发行股票等。

（3）特征。

① 无需还本付息。股权融资获得的资金无需直接偿还，也不需支付利息或按期还本。

② 股本基础。筹集的资金形成企业的股本，是企业从事生产经营活动和承担法人责任的基础。

③ 财务杠杆性。股权融资是决定企业对外举债的基础，即企业对外举债能力的大小取决于股权融资数额的大小。

④ 股权稀释。随着新股东的引入，企业控制权、收益分配权和剩余财产分配权会相应改变。

（4）股权融资与债权融资的对比。

① 产权关系。股权融资体现所有权与控制权的关系，而债权融资体现债权债务关系。

② 控制权。股权融资可能导致企业控制权的分散甚至转移，而债权融资不会直接影响企业的股东及股权结构。

③ 融资成本与风险。债权融资的融资成本相对较低，但风险较高（需按期还本付息）；股权融资无还本付息压力，但可能稀释企业股权，影响控制权。

对于高科技创新企业的建议。寻找合适的权益性投资是必要的，但难度较大。除了企业本身需具备投资吸引力外，还需投入人力与时间精力设计融资策略、撰写商业计划，并找到与投资方接洽的合适途径。在与投资方的接洽过程中，需准备好企业的各种详实资料以接受投资方的审查。

三、创业融资应注意的几个问题

在创业过程中，融资是一个至关重要的环节。为了确保融资的顺利进行并最大化其效益，创业者需要注意以下几个关键问题。

（一）融资总收益与风险相匹配

（1）在进行融资之前，必须充分评估融资的预期收益，并列举出可能面临的风险因素。

（2）通过经验预测这些风险可能带来的损失，并与预期收益进行比较。

（3）如果融资的最终收益能够覆盖并接受这些损失，即收益与风险相匹配，那么融资行为是可行的。

（二）选择最佳融资机会

（1）融资机会受多种因素影响，如企业外部环境、金融市场动态、宏观经济形势等。

（2）要选择最佳的融资时机，创业者需要全面分析这些因素，并结合企业自身的实际情况和未来发展规划。

（3）融资过早可能导致资金闲置，增加成本；融资过晚则可能错失良机。

（三）降低企业融资成本

（1）融资成本包括融资费用和资金使用费用，是企业在融资过程中必须承担的成本。

（2）创业者应通过优化融资结构、选择合适的融资方式、提高融资效率等方式来降低融资成本。

（3）融资成本由低到高的一般排序为财政融资、商业融资、内部融资、银行融资、债权融资、股权融资。

（四）指定最佳融资期限

（1）融资期限的决策应根据资金的用途和企业的风险偏好来确定。

（2）稳健型企业通常会对波动性资产采用短期融资，对永久性资产采用长期融资。

（3）激进型企业可能使用长期资金满足部分永久性资产的需求，并用短期资金满足其他需求。

（4）保守型企业则可能使用长期资金满足部分甚至全部波动性资产的需求。

（五）寻求最佳资本结构

（1）最佳资本结构是指使企业加权平均资本成本最低且企业价值最大的资本结构。

（2）不同行业对最佳资本结构有不同的标准，创业者需要结合企业实际情况和行业特点进行决策。

（3）最佳资本结构的决策步骤包括测算各融资方案的加权平均资本成本率、分析各款项的要求和股票市场价格波动、根据分析结果改进融资结构。

（六）保持合理的企业控制权

（1）企业在融资过程中可能会涉及控制权的让渡，但保持一定的控制权对于企业的稳定和发展至关重要。

（2）企业控制权主要体现在控制者进入相关机构、参与企业决策、在有要求时利益能够得到体现等方面。

（3）创业者应在融资过程中权衡利弊，确保在获得资金支持的同时，保持对企业的实际控制权。

第二节　创业融资方式

随着市场经济的蓬勃发展和政府对创业创新的日益重视，创业融资的难题正逐步得到缓解，多元化的市场化和社会化融资途径，已经能够有效地满足个人创业者的资金需求。由于创业周期的各个阶段具有不同的特点，创业者能够选择的融资方式也各不相同。因此，创业者必须深入了解并掌握各种主流的融资方式，同时明确影响融资选择的关键因素，以便能够根据自己的实际情况，做出最合适的融资决策。

一、创业初期融资方式

当前，大学生自主创业的热情愈发高涨，他们不再仅仅依赖家庭和学校，而是主动寻求机遇，勇敢地走上了创业之路。然而，正如那句老话所说："兵马未动，粮草先行。"在创业初期，资金无疑是最基本的支撑和资本。对于大学生创业者来说，如何在创业前期筹集到第一笔资金，既重要又充满挑战。他们面临着社会经验不足、社会关系网络尚未建立等困难，使得融资过程变得尤为艰难。

要突破资金障碍，关键在于了解并选择合适的融资方式。融资，简而言之，就是筹集资金的过程，它要求创业者根据自身的经营状况、资金状况以及未来的发展需求，采用适当的方式和渠道来筹集资金。

（一）自有资金和亲友借款

自有资金是创业启动资金的重要来源之一。然而，对于大学生创业者来说，由于在校期间主要处于消费状态，个人的储蓄往往非常有限。调查显示，大部分基础服务业和个人消费服务业的创业初期投资在 5 万至 10 万元之间，而工业加工业和农产品加工业的资金门槛则更高。因此，能够依靠自有资金启动创业的大学生并不多。

当自有资金不足时，向亲朋好友借款成了一个可行的选择。由于家庭成员的血缘关系和亲友的信任基础，这种借款方式往往较为容易实现。只要亲友有一定的经济基础并支持创业者的创业计划，筹集到资金并非难事。此外，向亲友借款还具有利息较低的优势，对于创业者来说是一个相对"双赢"的选择。

然而，如果创业者计划进入资金门槛较高的行业，向亲友借款可能无法满足其资金需求。在这种情况下，创业者需要积极寻求其他融资途径，如风险投资、银行贷款等，以确保创业计划的顺利实施。

（二）天使投资

在风险投资领域中，"天使"一词特指那些在企业初创阶段就敢于下注的投资者。这些天使投资人在公司产品和业务尚未成型之前，就选择将资金投入其中。他们通常是创业者的朋友、亲戚或商业伙伴，基于对创业者能力和创意的坚定信念，愿意在业务尚未全面展开之际就提供资金支持。

天使投资是一种针对处于构思阶段或初创期企业的前期投资形式，由自由投资者或非正式风险投资机构进行。尽管天使投资属于风险投资的一种，但它与传统的风险投资在运作方式和目标上存在一定差异。天使投资更多地呈现为一种非组织化的投资形态，其资金来源主要是民间资本，而非来自专业的风险投资机构。

相较于传统风险投资对成熟项目的偏好，天使投资更加青睐那些尚处于初创阶段、具有发展潜力的项目。即使只是一个初步的创业构思，只要展现出足够的潜力和价值，就有可能吸引天使投资人的青睐。这种低门槛的投资方式，为许多初创企业提供了宝贵的资金支持，帮助它们度过了最艰难的初创期。

（三）风险投资

风险投资，广义上是指一切具有高风险、高潜在收益的投资活动；而狭义上，它特指那些专注于高新技术领域，投资于生产和技术密集型产品的资金。根据美国全美风险投资协会的定义，风险投资是由专业的金融家投入到新兴的、快速发展的、具有巨大市场竞争潜力的企业中的一种权益资本。

在大众眼中，风险投资家似乎掌握着神奇的"钱袋子"，其中的资金能够让创业者如乘坐阿拉丁的"神毯"一般迅速腾飞。然而，风险投资并非无风险的投资，它追求的是高风险带来的高回报。风险投资家通常以参股的形式进入新创企业，投资期限至少为3至5年，投资方式主要为股权投资，并通常持有被投资企业股权的15%至40%。

风险投资者不仅提供资金，更积极地参与被投资企业的经营管理，为企业提供战略指导、市场拓展、人才引进等增值服务。他们的目标是通过与创业者的紧密合作降低投资风险，实现企业的快速增长和增值。在实现投资增值目的后，风险投资者会选择适当的时机退出投资，而不会永久性地与新创企业捆绑在一起。

值得注意的是，风险投资在投资对象上更偏好于高科技创新企业。这是因为高科技企业通常具有创新性强、技术壁垒高、市场前景广阔等特点，能够为风险投资者带来更高的投资回报。

（四）政府扶持资金

创业者应善于把握并利用政府的扶持政策，从中获取财政资金支持。近年来，为了提升地方竞争力，各级政府不断加大对科技含量高或具有优势的产业的扶持力度，设立了各类基金和专项资金，如中小企业技术创新基金、科技部的863计划、火炬计划，以及各大高校设立的大学生创业基金等。

此外，各地方政府还出台了众多地方性的优惠政策，如杭州市在创办高科技企业孵化基地时就规定，通过资格审查进驻基地的企业可享受三年免租费的办公场所，并有机会获得一定的创业扶持资金。类似的创业优惠和鼓励政策在全国各地均有实施，如上海的张江高科技园区、北京的中关村高科技园区等。巧妙利用这些政策和政府扶持，将极大促进创业项目的成功与发展。

然而，值得注意的是，政府扶持资金通常面向特定行业和用途，其适用范围有限。并非所有创业者都适合依赖这种融资方式。

（五）银行贷款

银行贷款是银行根据国家相关政策，以一定利率向资金需求者提供资金，并约定归还期限的一种经济行为。银行贷款种类繁多，对于企业而言，主要包括经营性贷款和政策性贷款。然而，新创企业在初创阶段，由于发展前景尚不明朗，市场认可度待验证，且缺乏信用记录、稳定的现金流量和利润，以及满足银行要求的充足抵押品，因此很难获得常规的经营性贷款。

银行贷款的优点在于其利息支出可在税前抵扣，融资成本相对较低，对于运营良好的企业来说，债务到期时还可以选择续贷。但缺点也同样明显，一般需要提供抵押（担保）品，并需要创业者自备不低于30%的自筹资金。此外，由于贷款需要按期还本付息，如果企业经营状况不佳，可能会导致债务危机。因此，创业者在选择银行贷款时，需要综合考虑自身实际情况和偿还能力。

（六）民间信用借款

鉴于向银行提供足够且适当的资产担保并非易事，民间信用借款成为创业资金筹集的一个重要途径。民间信用借款作为一种民间资金调剂机制，解决了部分生产经营和生活中的特殊资金需求。在银行和信用社无法覆盖的领域和范围内，民间信用借款起到了拾遗补阙、取长补短的作用，同时也体现了社会成员之间的相互信赖和互助关系。在我国经济高速发展的今天，民间信用借款的存在和发展对于经济的互动和发展具有重要的价值和实际意义。

（七）典当融资

在中国近代银行业诞生之前，典当就已经是民间融资的重要渠道，对于调剂余缺、促进流通起到了关键作用。典当融资是以实物为抵押，通过转移实物所有权的形式获得临时性贷款的一种融资方式。只要借款人在约定时间内偿还本金并支付一定的综合服务费（包括当物的保管费、保险费、利息等），即可赎回当物。这种"以物换钱"的融资方式要求低、手续简便灵活，能够满足急需，因此成为创新企业、个体工商业主和居民个人的快捷融资渠道。

（八）个人创业贷款

个人创业贷款是专为创业或再创业的个人设计的贷款产品。它面向具有一定生产经营能力或已经从事生产经营活动的个人，由银行在认可有效担保后发放。符合条件的借款人，根据个人资源状况和偿还能力，最高可获得单笔50万元的贷款支持。对于创业达到一定规模或成为再就业明星的人员，还可以提出更高额度的贷款申请。个人创业贷款的期限一般为1年，最长不超过3年。为了支持下岗职工创业，创业贷款的利率还可以按人民银行规定的同档次利率下浮20%，而许多地区推出的下岗失业人员创业贷款还可享受60%的政府贴息。

（九）融资租赁

融资租赁是一种特殊的融资方式，其核心目的是融资，而非简单的设备租赁。从表面上看，它是一种设备或资产的租赁，但实质上是通过支付租金的方式，实现了资金的借贷和分期偿还。对于新创企业来说，融资租赁具有以下显著优势。

1. 不占用银行信用额度

新创企业在初创期往往较难获得银行的大额贷款，而融资租赁不占用企业的银行信用额度，使得企业可以更加灵活地管理其资金流动。

2. 快速获得设备使用权

创业者只需支付第一笔租金，即可立即开始使用设备，无需一次性投入大量资金购买，从而可以将资金用于更急需的方面。

3. 降低财务风险

由于设备租金是分期支付的，企业可以根据自身经营情况调整支付计划，降低了因一次性大额支出带来的财务风险。

4. 灵活性高

融资租赁的租赁期限和租金支付方式通常较为灵活，可以根据企业的实际需求和资金状况进行调整。

对于需要购买大件设备的新创企业来说，融资租赁无疑是一种理想的融资方式。然而，在选择融资租赁公司时，创业者应注意挑选那些实力强、资信度高的公司，以确保融资过程的安全和顺利。同时，租赁形式越灵活，越能满足企业的不同需求。

二、创业成长期融资方式

在企业的成长期，随着销售业绩的快速增长和产品潜力的逐渐显现，企业的资金需求也相应增加。这一阶段的资金需求主要集中在营运资金、扩大固定资产的投资、保证流动资金的充足以及增加营销投入等方面。为了满足这些资金需求，企业可以采取以下几种融资方式。

(一) 短期资金融通——商业信用

商业信用是企业在日常经营活动中形成的一种短期融资方式，主要通过赊购和预收货款两种形式实现。

1. 赊购

购买商品时，企业可以选择不立即支付现金，而是与供应商商定在未来一定期限内分期或一次性支付货款。虽然赊购可以为企业提供短期的资金融通，但也需要承担较高的货价作为成本，这通常表现为现金折扣的形式。

2. 预收货款

企业可以通过合同或协议，在商品发货前预先收取购货方的部分或全部货款。这种方式可以为企业提供一定的流动资金，特别是对于生产周期长、售价高的商品来说更为常见。

(二) 创业投资接力基金

随着企业规模的扩大，单一的融资方式可能无法满足企业的资金需求。此时，企业可以寻求创业投资接力基金的支持。这种基金通常介于"种子基金"和大规模商业化风险投资之间，旨在为企业提供必要的资金支持，帮助企业度过成长期。

(三) 上市融资

上市融资是企业通过证券市场公开发行股票来筹集资金的一种方式。这种方式可以为企业带来大量的资金，提高企业的知名度和市场竞争力。然而，上市融资的门槛较高，企业需要满足一定的条件，如营利能力、资产规模、治理结构等。此外，上市后的企业需要承担更多的信息披露和监管要求，可能会对企业的经营产生一定的影响。

（四）引入战略投资者

战略投资者是那些寻求长期战略利益、愿意长期持有企业股份并积极参与企业治理的法人投资者。他们除了为企业提供资金支持外，还可以带来技术、市场、管理等方面的资源。在引入战略投资者时，企业需要与投资者进行充分的沟通和谈判，明确双方的权益和义务，确保企业的控制权不受影响。

引入战略投资者的主要程序包括以下内容。

1. 寻求战略投资者

企业需要对潜在的投资者进行调研和筛选，了解他们的资质、业绩、投资偏好等。

2. 与战略投资者谈判

企业需要准备好详细的商业计划书和其他相关文件，与投资者就投资金额、股份比例、投资期限、退出机制等关键问题进行谈判。

3. 签订合作协议

在谈判达成一致后，双方需要签订正式的合作协议，明确各自的权利和义务。协议中应包含投资金额、股份分配、公司治理结构、投资者权益保护等内容。

三、影响创业融资方式选择的主要因素

（一）企业的经营时间和发展阶段

1. 初创期

新创企业由于规模小、风险大、资产少，大多通过私募方式获得初始资本。在初创期，企业高度依赖内部积累，避免过度负债经营。

2. 成长期

随着生产经营规模逐步扩大，内源融资可能无法满足需求，外源融资成为主要手段。在管理不够规范、透明度不高的情况下，间接融资可能更受青睐。

（二）企业所涉足的行业情况与技术水平

1. 高科技产业

对技术水平要求高的企业，如科技产业，经营风险大但预期收益也高，更适合直接融资。

2. 传统产业

对于技术水平要求较低的传统产业，经营风险较小，预期收益也较低，间接融资可能

更为合适。

（三）企业的潜在增长能力和发展前景

对于具有高增长潜力和良好发展前景的企业，尽管短期内融资成本可能较高，但长期来看，企业利润会快速增长，因此创业者需要综合考虑长期营利可能，选择对企业有利的融资方式。

（四）融资成本和风险

1. 债权融资与股权融资

债权融资的投资者收益固定，而股权融资的投资者潜在收益不受限制。因此，股权融资的成本通常高于债权融资。

2. 内源融资与外源融资

内源融资的成本和风险相对较低，而外源融资的成本和风险相对较高。创业者需要权衡不同融资方式的成本和风险，选择最符合企业需求的融资方式。

（五）融资环境的状况

1. 市场环境

市场利率、期限结构、股市现状和走势等因素会影响企业的融资决策。

2. 政策环境

政府的财政政策和货币政策、税收优惠政策等也会对企业的融资方式选择产生影响。

3. 金融机构状况

各类金融机构的贷款政策、融资产品等也会影响企业的融资决策。

创业者需要对融资环境的状况和变化保持敏感度，合理分析和预测企业融资的各种有利和不利条件，以便把握最佳的融资机会，选择出最有利的融资方式。

第三节　债权融资方式

债权融资是企业通过借款的方式获得资金，其中企业需要支付相应的利息，并在借款到期后向债权人偿还资金的本金。对于创业融资来说，常用的债权融资方式包括民间信用借款、银行贷款和融资租赁。

一、民间信用借款

民间信用借款（也称民间借贷）是基于借贷双方的信用关系，通过签订书面或口头协议形成特定的债权债务关系。它包括了个人与个人、个人与法人以及个人与其他组织之间的货币借贷。对于创业融资来说，债权融资方式中的民间信用借款是一种常见且重要的融资手段。

（一）民间信用借款的特征

1. 参与主体的广泛性

参与主体涵盖了城镇居民、个体工商户、民营企业主、农户等，其中借款者多为个体工商户和私营企业主。

2. 资金来源的广泛性

资金来源于多个方面，包括自有资金、私募基金、信贷资金等，甚至包括海外热钱。

3. 借贷方式的灵活性

民间信用借款以现金交易为主，交易方式灵活，手续简便，通常无需抵押物。

4. 借贷形式多样化

形式丰富多样，如互助会、联合会、民间放贷、企业集资等，并随着社会发展出现了新的形式，如通过互联网平台进行的借贷。

5. 借贷金额扩大化

随着民营企业特别是规模小的企业无法通过银行获得足够资金，民间信用借款金额逐渐增大。

6. 借贷期限自由

民间信用借款的期限相对宽松，可以满足企业长期资金周转的需要。

7. 借贷利率市场化

民间信用借款的利率通常随行就市，且一般高于银行贷款利率，特别是投资性质的借款利率更高。但这也存在高利贷等非法借贷的风险。

民间信用借款作为债权融资的一种形式，在创业融资中发挥着重要作用，特别是对于无法从银行获得足够资金的中小企业来说，更是一种重要的资金来源。然而，由于民间信用借款存在利率高、风险大等问题，创业者在使用时应当谨慎，并尽可能选择合法、安全的渠道进行融资。

债权融资所获得的资金，企业要支付相应的利息，并在借款到期后向债权人偿还资金的本金。

（二）影响民间信用借款的主要因素

民间信用借款是指非金融机构的自然人、法人或其他组织之间进行的资金借贷活动。以下是影响民间信用借款的主要因素。

1. 合约行为

民间信用借款是基于借贷双方的合意和协议进行的。这可以是书面的合同，也可以是口头的协议。只要协议内容合法、明确，就具有法律效力。

2. 实际支付

借款的成立不仅仅依赖于协议，还需要货币或其他有价证券的实际支付。只有当出借人将资金或证券交付给借款人时，借贷关系才正式成立。

3. 财产权

出借的款项必须属于出借人个人所有或拥有支配权的财产。如果出借的财产不属于出借人，或者出借人没有支配权，那么形成的借贷关系是无效的，不受法律保护。

4. 有偿与无偿

民间信用借款可以是有偿的，也可以是无偿的。有偿的借款意味着借款人需要支付利息给出借人，而无偿的借款则不需要。这一点通常由借贷双方在协议中明确约定。

5. 利率

如果是有偿的借款，利率的确定也是重要因素。利率应该合理，不能过高，以免违反法律关于高利贷的规定。

6. 风险

民间信用借款的风险相对较高，因为借款人可能无法按时还款或根本不还。出借人需要仔细评估借款人的信用状况和还款能力。

7. 法律环境

法律环境对民间信用借款有重要影响。不同地区对民间借贷的法律规定可能有所不同，出借人需要了解并遵守当地的法律法规。

8. 经济环境

经济环境也会影响民间信用借款。例如，在经济繁荣时期，人们更容易获得借款；而在经济衰退时期，借款可能变得更加困难。

9. 社会习俗

在某些地区或社区，可能存在特定的社会习俗或惯例来规范民间信用借款。这些习俗或惯例可能会对借款行为产生一定影响。

10. 信息透明度

信息透明度也是影响民间信用借款的重要因素。如果借款人能够提供足够的财务信息和其他相关信息，出借人就能更好地评估借款风险并做出决策。

总之，民间信用借款涉及多个因素，借贷双方需要充分了解并遵守相关法律法规和约定，以确保借贷活动的合法性和安全性。

（三）民间信用借款的主要形式

民间信用借款作为传统金融的补充，随着社会的变迁和经济的发展，已经逐渐演化出多样化的形式。这些形式各具特色，既有深厚的文化底蕴，也融入了现代金融的元素。以下将详细介绍当前主要的民间信用借款形式。

1. 民间自由借贷

民间自由借贷作为最原始、最直接的借贷形式，自古以来就存在于社会各个角落。这种借贷形式不需要任何中介机构的参与，借贷双方直接达成协议，可以是无息、低息或高息，也可以是货币借贷或实物借贷。由于民间自由借贷的灵活性和便利性，它在我国农村地区尤为盛行。然而，由于借贷双方往往缺乏专业的金融知识和法律常识，这种借贷形式也容易出现不规范、不透明的问题，甚至可能引发债务纠纷。

2. 民间合会

民间合会，又称"标会""摇会"等，是一种基于传统互助文化的融资形式。合会通常由一名会首发起，邀请若干亲友参与，通过定期聚会、轮流使用会金的方式实现资金的互助。随着经济的发展，合会的规模和种类逐渐丰富，利率也相应提高。在现代社会，会金更多用于投资目的，而不仅仅是解决生活中的临时困难。在经济较发达的沿海地区，合会尤其活跃，成为当地居民和企业融资的重要渠道。

3. 银号和私人钱庄

银号和私人钱庄是我国古老的民间金融形式之一，历史悠久。在现代社会，私人钱庄以"银背"或"钱中"的形式存在，暗中经营借贷中介业务。这些钱庄通过组织化、规范化的方式提供间接融资服务，其影响远超民间自由借贷和合伙等直接融资方式。然而，由于私人钱庄缺乏有效的监管机制，加之国家政策的限制，大多数私人钱庄都处于地下经营状态，存在较大的风险隐患。

4. 农村内部(社区内)融资组织

农村内部融资组织是近年来兴起的一种新型民间金融形式，主要包括农村合作基金会、互助储金会和金融服务公司等。这些组织以农村社区为单位，旨在为农村地区的居民和企业提供融资服务。在农村地区，农业银行和农村信用社等正规金融机构的覆盖范围和服务能力有限，农村内部融资组织正好弥补了这一不足。它们通过吸收社区内的闲散资金，为农村的非农经济实体提供融资支持，对推动农村经济的快速发展和乡镇企业的崛起做出了重要贡献。

以上四种形式共同构成了当前民间信用借款的主要框架。它们在促进资金融通、支持经济发展方面发挥了重要作用。然而，由于民间信用借款的多样性和复杂性，也伴随着一定的风险和挑战。为了保障借贷双方的合法权益，维护金融市场的稳定和发展，需要借贷双方加强自我约束和风险管理，同时监管部门也需要加强监管和引导，推动民间信用借款市场的健康发展。

二、银行贷款

银行贷款作为金融市场的基石之一，为众多资金需求者提供了重要的融资渠道。其核心在于，银行根据国家制定的宏观经济政策，按照特定的利率将资金贷放给有需求的企业或个人，并约定在未来某一时间点偿还本金及相应的利息。对于新创企业来说，尤其是那些处于初创阶段、资金匮乏的企业，如何有效地获取银行贷款支持，无疑是它们融资过程中的一大挑战和关键所在。

(一)银行贷款的类型

在申请银行贷款时，新创企业需要根据自身的经营状况和融资需求，选择合适的贷款类型。目前，我国中小企业贷款主要涵盖以下几种形式。

1. 创业贷款

创业贷款旨在为那些有志于创业或再创业的个人提供资金支持。这种贷款通常要求借款人具备一定的生产经营能力或已从事相关经营活动，并需要提供有效的担保措施。在通过银行的审核后，根据借款人的资产状况和偿还能力，银行会提供相应的贷款额度，最高可达 50 万元。贷款期限一般为 1 年，最长不超过 3 年。为了鼓励创业，特别是对于下岗职工的创业活动，创业贷款的利率通常会在人民银行规定的同档次利率基础上进行下浮，并可能享受政府的贴息政策。

2. 抵押贷款

抵押贷款是创业者常用的融资手段之一。它允许创业者将自己名下的不动产、动产或无形资产作为抵押物，以此作为贷款的担保。根据抵押物的评估价值，银行会提供相应的贷款额度，但通常不会超过抵押物评估价值的 70％，最高限额为 30 万元。如果创业者已经购买了商业房，商业房也可以作为抵押物，贷款金额一般不超过已购商业房评估价值的 60％，贷款期限最长可达 10 年。

3. 质押贷款

与抵押贷款相似，质押贷款也要求借款人提供质押物作为贷款的担保。但不同的是质押物的范围更广，包括存款单、国库券、提货单、商标权、工业产权等。由于质押物通常具有较高的流动性和价值，因此质押贷款的手续相对简单便捷。例如，以保险公司保单为质押，可贷到存单金额的 80％左右；以国债为质押，可贷到国债面额的 90％左右。

4. 保证贷款

保证贷款则要求借款人找到信用级别较高的人员作为担保人。这些担保人通常需要在银行有一定的信用记录，且职业稳定、收入可靠。在中国工商银行、中国建设银行等金融机构，创业者可以通过这种方式获得约 10 万元左右的保证贷款。银行对担保人的职业有一定要求，主要包括律师、医生、公务员、事业单位员工以及金融行业人员等。

（二）银行贷款应注意的问题

在申请银行贷款时，新创企业需要特别注意以下几个方面。

1. 多方比较慎选银行

随着银行业竞争的加剧，不同银行在贷款利率、贷款条件等方面可能存在较大差异。因此，资金需求者在申请贷款时，应多做调查和比较，选择那些提供低利率、优惠条件和高效服务的银行进行合作。同时，也要关注银行的信誉和稳定性，确保资金安全。

2. 合理规划贷款期限

贷款期限的长短直接影响到企业的还款压力和利息支出。因此，资金需求者应根据投资项目的实际情况和回收期，合理规划贷款期限。如果项目回收期较长，可以适当延长贷款期限以减轻还款压力；如果项目回收期较短，则应尽量缩短贷款期限以减少利息支出。

3. 优选贷款方式

银行提供的贷款方式多种多样，包括信用贷款、担保贷款、抵押贷款和质押贷款等。不同贷款方式的利率和条件也有所不同。资金需求者应根据自身情况选择合适的贷款方式，以降低融资成本和提高融资效率。例如，若企业拥有价值较高的不动产或无形资产，则可以考虑选择抵押贷款或质押贷款；若企业信用状况良好且有一定担保能力，则可以选择信用贷款或担保贷款。

4. 慎签贷款协议

在签订贷款协议前，资金需求者应认真阅读并理解协议中的各项条款和规定。特别是对于利率、还款方式、违约责任等重要内容，应仔细核对并确认无误后再签字。同时，也要避免签订存在留置存款余额贷款和预扣利息贷款等不合理条款的协议，以免增加不必要的融资成本。此外，在签订协议前还应咨询专业律师或财务顾问的意见以确保自身利益不受损害。

三、融资租赁

（一）融资租赁的概念

融资租赁作为一种先进的金融服务模式，又被称为金融租赁或资本租赁。它允许那些需要资金购置设备的企业，通过支付租金的方式，从专业的租赁公司获取所需设备的使用权。在这一交易过程中，不仅设备的物理使用权从出租方转移到承租方，而且与设备所有权相关的风险与报酬也同步转移给承租方。这种融资方式在全球范围内得到了广泛地应用，特别是在那些需要大量资本投入但资金流动性有限的行业中。

融资租赁的判定通常基于以下四个核心条件。

（1）租赁期结束时，资产的所有权将无条件地转让给承租人。

（2）承租人在租赁协议中拥有购买资产的选择权，并且根据协议条款，这种选择权在将来某一时刻很可能会被行使。

（3）租赁期占资产预计经济寿命的绝大部分，通常为设备总使用寿命的75％或以上。

（4）在租赁开始日，租赁最低付款额的现值（包括租金、残值等）必须大于或等于租赁资产的公允价值，同时扣除出租人（租赁公司）应获得的任何补贴金和税款减免。

（二）融资租赁的特征

融资租赁作为一种独特的融资方式，具有以下几个显著特征。

1. 三方当事人与两合同

融资租赁涉及出租人、承租人和供货商三方，并伴随着买卖合同和租赁合同两个相互依存、相互制约的合同。

2. 承租人主导选择

承租人根据自身需要自行选择设备和供货商，出租人则主要提供融资服务，不承担设备质量、交货时间等风险。

3. 全额投资回收

出租人通过租金收入回收其在设备购置上的全部投资及预期利润。

4. 所有权与使用权分离

设备的法律所有权归出租人所有，而实际使用权则由承租人享有。

5. 承租人承担风险

承租人需承担设备的保险、保养、维修等费用，并面临设备技术过时等风险。

6. 租期结束后的选择权

在租赁期结束时，承租人通常可以选择购买设备、续租或退租。

（三）融资租赁的程序

融资租赁的程序通常包括以下九个步骤，但具体顺序和细节可能因实际情况而有所调整。

1. 选定租赁物

承租人根据业务需求确定所需设备的种类、规格和数量，并与潜在供货商进行初步洽谈。

2. 选择租赁公司

承租人比较不同租赁公司的服务、费率、合同条款等，选择最适合自己需求的租赁公司。

3. 办理租赁申请

承租人向选定的租赁公司提交租赁申请，包括设备清单、经济效益分析、承租期限、租金支付方式等详细信息。

4. 租赁业务受理

租赁公司对承租人的申请进行评估，包括信用评估、项目可行性分析等，决定是否受理该租赁业务。

5. 签订租赁合同

在双方达成一致后，租赁公司与承租人签订具有法律效力的租赁合同，明确双方的权利和义务。

6. 签订购货合同

根据租赁合同条款，租赁公司代表承租人与供货商签订购货合同，确保设备按时按质交付。

7. 办理验货

设备到货后，承租人进行验收，确保设备符合合同规定的技术指标和质量要求。

8. 办理设备保险

承租人根据合同约定选择购买设备保险，确保设备在租赁期间得到妥善保护。

9. 项目后期管理

在租赁期间，承租人需按合同规定支付租金，并妥善使用和维护设备。租赁期结束后，双方办理设备所有权转移手续或续租手续。

第四节　股权融资方式

股权融资，作为一种企业融资手段，意味着现有股东愿意割舍部分企业的所有权，通过增加企业的注册资本来引入新的投资者。这种融资方式下，企业的总股本会相应增加。与债务融资不同，股权融资无需企业承担还本付息的压力，因为新股东将与老股东一同享有企业的利润和增长。在创业领域，股权融资尤为常见，其常见的形式包括天使投资、风险投资（Venture Capital，VC）和私募股权投资（Private Equity，PE）。这些投资者通过注入资金，不仅为企业提供资金支持，还常常带来丰富的行业经验和资源，助力企业快速成长。

一、天使投资

（一）天使投资的特点

1. 个人化且多元化的投资动机

天使投资本质上是一种由富有个人直接对初创企业进行的私人股权投资。与传统的风险投资相比，天使投资有着更为鲜明的个人化色彩和多元化的投资动机。天使投资者通常来自三个主要领域：一是高收入的专业人士，如医生、律师等，他们有着稳定的收入来源和丰富的积蓄；二是成功转型的创业者，他们曾经亲自创办并运营过企业，对创业过程中的各种挑战和机遇有着深刻的理解；三是对技术趋势有深刻理解的科技公司高管，他们凭借自身的专业知识和技能，能够准确判断初创企业的技术前景和市场潜力。

这些天使投资者在追求投资回报的同时，更看重的是通过投资初创企业来实现自己的社会价值和成就感。他们希望通过自己的商业洞察力和经验，帮助初创企业成长，为社会创造更多的价值。

例如，Peter Thiel 是一位著名的天使投资者，他在 PayPal 的早期阶段就进行了投资，并成功推动了 PayPal 的快速发展。他的投资动机不仅在于追求经济回报，更在于看好 PayPal 的创新模式和市场潜力，希望通过投资来支持这种创新并推动社会的进步。

2. 填补初创企业种子期的融资空白

初创企业在种子期通常面临着巨大的风险和资金短缺问题，很难获得传统金融机构和风险资本的青睐。而天使投资恰好填补了这一阶段的融资空白，成为初创企业种子期的主要融资方式。天使投资者通常愿意在初创企业最困难的阶段给予支持，通过提供资金和资源，帮助企业渡过难关，实现快速成长。

例如，Airbnb 在成立初期就得到了天使投资者的支持。这些投资者看到了 Airbnb 的潜力和市场前景，愿意在初创阶段进行投资，并提供了必要的资金和资源支持。在天使投资的帮助下，Airbnb 成功度过了初创期的困难阶段，并逐渐成为全球领先的民宿预订平台。

3. 满足小额投资需求，弥补资本市场空缺

天使投资者通常愿意投资于资金需求在 10 万元至 200 万元之间的初创企业，这一投资额度远低于风险资本偏好的 300 万元至 1000 万元标准。因此，天使投资填补了原始资本市场的巨大空白，为众多初创企业提供了宝贵的资金支持。这种小额投资方式不仅降低了投资者的投资风险，也提高了初创企业的融资成功率。

例如，许多初创企业在初创阶段都需要一定的资金支持来推动产品的研发和市场推广。而由于这些企业的规模和知名度有限，很难获得传统金融机构和风险资本的支持。然而，通过天使投资的方式，这些企业可以获得必要的资金支持，并借助天使投资者的资源和经验实现快速成长。

4. 提供丰富的附加资源

天使投资者不仅提供资金，还带来了丰富的经营经验、专业技能、广泛的人脉关系等附加资源。这些资源对于初创企业的成功孵化至关重要，有助于企业快速成长。天使投资者通常会积极参与到初创企业的运营和管理中，为企业提供宝贵的建议和支持。

例如，许多天使投资者在投资初创企业后，会积极参与企业的运营和管理，为企业提供必要的支持和帮助。他们利用自身的经验和资源，帮助企业解决各种问题和挑战，推动企业的快速发展。同时，他们还会将初创企业介绍给自己的人脉关系网中的其他企业和投资者，为企业拓展更多的商业机会和融资渠道。

5. 投资流程简便，融资效率高

由于天使投资金额相对较小，投资方式灵活，因此投资流程相对简便，交易成本较低，融资速度较快。这使得天使投资成为初创企业在紧急资金需求时的一种有效选择。天使投资者通常能够快速做出投资决策，并为企业提供必要的资金支持。

例如，一些初创企业在面临紧急资金需求时，会选择寻求天使投资者的支持。这些投资者通常能够快速了解企业的需求和问题，并做出投资决策。他们为企业提供必要的资金支持，并帮助企业解决燃眉之急。这种高效的融资方式有助于初创企业快速应对市场变化和挑战。

6. 发达国家天使投资倾向于联合投资

在发达国家，天使投资者倾向于通过联合投资的方式降低风险、提高收益。他们通常以天使投资网络或联盟的形式集合在一起，共同投资于初创企业。这种联合投资的方式不仅有助于降低投资风险，还能为初创企业提供更多的资金和资源支持。此外，一些国家政府也通过税收优惠等措施鼓励天使投资，为创业者和投资者之间的资本联姻创造良好环境。

例如，在美国和欧洲等发达国家，天使投资网络或联盟已经成为一种普遍的投资模式。这些网络或联盟通常由一群经验丰富的天使投资者组成，他们共同投资于初创企业，并为企业提供必要的支持和帮助。这种联合投资的方式不仅降低了投资风险，还提高了投资收

益率。同时，政府也通过税收优惠等措施鼓励天使投资的发展，为创业者和投资者之间的资本联姻创造了良好的环境。

（二）吸引天使投资人需具备的条件

天使投资人作为初创企业的重要资金来源之一，他们不仅为初创企业提供资金支持，更在经验、资源和人脉等方面为初创企业带来宝贵的帮助。然而，由于天使投资人通常保持低调且难以直接接触到，因此，了解并满足他们的投资条件对于初创企业至关重要。

要吸引天使投资人，初创企业需要符合他们的投资标准。天使投资人通常会关注那些资金需求在 10 万元至 200 万元之间的企业，这是他们常见的投资额度范围。这些企业往往具备以下几个特点。

1. 巨大的销售潜力

初创企业预计在 5 至 10 年内，销售额能达到 200 万元至 2000 万元。这样的增长潜力能够吸引天使投资人的注意，并让他们看到企业的长期投资价值。

2. 稳定的增长趋势

初创企业不仅要有巨大的销售潜力，还需要展现出稳定的销售额增长率和利润增长率，通常为 10％至 20％。这种稳定的增长趋势能够增强天使投资人对企业的信心。

3. 高技术含量的产品或服务

对于还未开发出雏形产品的高技术发明者，天使投资人也愿意提供早期融资支持。他们看重的是技术的创新性和市场潜力，以及创业者将技术转化为商业价值的能力。

（三）吸引天使投资人需采取的步骤

1. 与天使投资人沟通

由于天使投资人是一个广泛分散的群体，他们通常喜欢保持匿名，因此创业者需要通过创新的方式来识别并接触他们。这包括与商业伙伴、其他接触的人员（如律师、会计师、银行家等）打听并寻求他们的推荐。许多天使投资人是从他们的商业伙伴、创业者同伴和朋友那里得知投资机会的，因此，通过已有的关系网络是找到天使投资人的有效方法。

例如，某初创科技公司创始人李先生，在创业初期通过参加行业会议和创业者沙龙等活动，结识了一位成功的企业家。这位企业家不仅为李先生提供了宝贵的商业建议，还为他推荐了多位天使投资人。通过这些推荐，李先生成功与几位天使投资人建立了联系，并获得了他们的投资支持。

2. 接受天使投资人的评估

一旦与天使投资人建立了联系，他们将会对初创企业进行全面的评估。这包括审阅商业计划、会见管理团队、查看产品原型或设计等。天使投资人会进行背景调查，了解企业团队及其产品的潜力。为了顺利通过这一环节，初创企业需要确保商业计划的完整性、专业性和可行性，同时展现出一个强大而富有经验的管理团队。

例如，一家专注于智能家居领域的初创企业，在寻求天使投资时，准备了详尽的商业计划，并展示了其独特的产品原型和技术优势。在与天使投资人沟通时，该企业还详细介绍了团队成员的背景和专长，以及他们对市场的深入理解和战略规划。这些充分的准备让天使投资人对企业产生了浓厚的兴趣，并最终决定投资。

3. 天使投资人的决策

如果天使投资人决定投资，他们将要求签订投资协议。这份协议通常由专业律师起草，可能包含股票出售权等条款。这意味着天使投资人有权要求企业在指定的年限后按指定的价格重新买回他们手中的股票。如果企业没有收获，股票出售权将为天使投资人提供现金回报。初创企业需要充分了解并接受这些条款，同时确保协议的合法性和公平性。

例如，一家初创电商企业在获得天使投资后，与投资人签订了详细的投资协议。协议中包含了股票出售权等条款，以确保投资人的利益得到保障。同时，该企业也承诺将按照协议规定的时间表和条件向投资人提供必要的财务信息和经营报告。这种透明和负责任的态度赢得了投资人的信任和支持，为企业的长期发展奠定了坚实的基础。

总之，吸引天使投资人需要初创企业具备符合他们投资标准的企业特点，并通过与他们的沟通、接受评估和签订投资协议等步骤来建立合作关系。在这个过程中，初创企业需要展现出自身的实力、潜力和诚信，以赢得天使投资人的信任和支持。

二、风险投资

（一）风险资本要素

风险投资是一种专注于为初创公司、具有高增长潜力和显著技术或商业模式创新的公司提供资本支持的金融投资方式。以下是风险投资的六个核心要素。

1. 风险资本

风险资本是风险投资机构为具有高风险但高增长潜力的新创企业提供的资本。风险资本的来源广泛，包括个人和家庭资金、保险公司资金、大型企业或集团的战略投资基金、养老金、捐赠基金、公共基金以及各类金融机构的资金等。这些资金经过专业的风险投资机构管理，投资于符合其投资策略和标准的初创企业。

2. 风险投资者

风险投资者主要包括以下几类。

（1）风险资本家（Venture Capitalists）。风险资本家通常是具有丰富经验和专业知识的投资者，通过自身的资金或募集的资金进行投资。

（2）风险投资基金（Venture Capital Funds）。风险投资基金是以有限合伙制或公司制形式存在的专业投资机构，由专业的投资团队进行投资决策和管理。

（3）产业附属投资公司（Corporate Venture Capital）。产业附属投资公司是大型非金融性实业公司下属的独立风险投资机构，主要投资于与母公司业务相关的领域。

（4）天使投资人（Angel Investors）。天使投资人是具有丰富经验和资金的个人投资者，他们通常在初创企业早期阶段进行投资。

3. 投资目的

风险投资的主要目的不是获得企业的所有权或经营管理权，而是通过提供资金和其他增值服务（如战略指导、人才引进、市场拓展等）帮助企业迅速成长，实现资本增值。当企业达到一定规模或实现特定目标时，风险投资机构会通过公开上市（IPO）、兼并收购（M&A）或其他方式退出投资，实现投资收益。

4. 投资期限

风险投资的期限通常较长，一般在 3 年以上，甚至可达 7～10 年。这是因为初创企业通常需要较长的时间来发展业务、实现盈利并达到退出条件。风险投资机构需要有足够的耐心和长期视角来支持企业成长。

5. 投资对象

风险投资主要投资于具有良好发展前景和显著创新性的高新技术产业。这些产业通常包括信息技术、生物技术、新能源、新材料等领域。此外，一些具有独特商业模式或市场潜力的非技术型企业也可能成为风险投资的对象。

6. 投资方式

风险投资的方式主要有三种。

（1）直接投资。风险投资机构直接购买被投资企业的股权，成为企业的股东之一。

（2）提供贷款或贷款担保。风险投资机构向被投资企业提供贷款或贷款担保，以支持企业的运营和发展。

（3）组合投资。在提供贷款或贷款担保的同时，风险投资机构也会购买一部分被投资企业的股权，实现债权和股权的结合。这种投资方式能够降低投资风险并增加投资收益。

（二）风险投资的特点

风险投资作为一种独特的投资方式，具有一系列显著的特点，这些特点使它在支持创新企业成长方面发挥着不可替代的作用。以下是风险投资的主要特点。

1. 投资规模较大

风险投资者通常拥有雄厚的资本基础和专业的管理团队。他们的投资规模通常较大，以满足创新企业快速增长和扩张的需求。这些资金可能来源于富有家族、金融机构、保险公司、养老基金和富有个人等。由于投资规模较大，风险投资机构能够为企业提供充足的资金支持，助力企业快速发展。

2. 严格的审查过程

风险投资机构在选择投资项目时，会进行极为严格的审查和评估。他们通常会对所有申请者进行初步筛选，只选取一小部分具有潜力的企业进行更深入的调查。这个过程包括对企业的商业模式、市场潜力、管理团队、财务状况等多个方面进行全面评估。由于竞争激烈，只有极少数的企业能够成功获得风险投资。

3. 对所有权和控制权的关注

风险投资机构在投资时，通常会要求获得企业的部分所有权和一定的控制权。这主要是为了保障他们的投资权益和确保企业按照既定的方向发展。风险投资者通常会购买企业的普通股或可转换优先股，以获得对企业经营决策的参与权。然而，他们也意识到过度控制可能会抑制创业者的积极性和创新精神，因此会在获取资金和丧失控制权之间寻求平衡。

4. 投资阶段后移

随着风险投资行业的发展，越来越多的风险投资机构开始关注处于快速发展阶段的企业，而非仅限于初创企业。这是因为处于快速发展阶段的企业已经具备了一定的市场基础和客户群，风险相对较低，同时增长潜力巨大。因此，大多数风险投资资金会投向这些企业，以获取更高的投资回报。

5. 投资偏好的专业化

随着风险投资行业的不断成熟和竞争加剧，越来越多的风险投资机构开始注重专业化投资。他们会在特定的行业或领域进行深入研究和投资，以获取更深入的行业知识和更准确的投资判断。这种专业化的投资方式有助于提高投资效率和降低投资风险。同时，一些风险投资机构也会根据企业的不同发展阶段进行选择，如专注于初创企业的种子基金或专注于并购的私募股权基金等。

总结来说，风险投资作为一种独特的投资方式，具有投资规模较大、严格的审查过程、对所有权和控制权的关注、投资阶段后移以及投资偏好的专业化等特点。这些特点使风险投资在支持创新企业成长方面发挥着不可替代的作用。

（三）风险投资的程序

风险投资是一个复杂而严谨的过程，它涉及从搜寻投资机会到最终完成投资交易的多个阶段。以下是风险投资的一般程序。

1. 搜寻投资机会

风险投资者通常会积极搜寻投资机会。他们可能在自己熟悉的领域内寻找，也可能通过接受企业家的自荐或委托专业的第三方机构进行搜寻。这个阶段的目标是发现具有潜力的投资项目。

2. 初步筛选

在收到众多投资机会后，风险投资者会进行初步筛选。他们会根据企业递交的创业计划书或投资建议书，对项目进行初次审查，并选择可能有意向的项目进行进一步考察。初步筛选的目标是排除那些明显不符合投资标准或缺乏潜力的项目。

3. 调查评估

对于通过初选的项目，风险投资者会进行广泛、深入和细致地调查。他们会检验创业者递交材料的可靠性和准确性，发掘可能遗漏的重要信息。调查的内容包括但不限于管理、产品、技术、市场、财务等方面。通过这个阶段，风险投资者会对投资项目有一个全面而深入地了解，并据此作出投资决定。

4. 寻求共同出资者

在决定投资某个项目后，风险投资者通常会寻求其他投资者共同投资。这样做可以增大投资总额，分担投资风险，并可能带来更多的资源和经验。共同出资者可能是其他风险投资者、大型企业、金融机构等。

5. 协商谈判投资条件

在决定共同投资后，风险投资者会与创业者协商谈判投资条件。这包括投资金额、股权比例、投资期限、退出机制等关键条款。一旦双方对关键投资条件达成共识，作为牵头的风险投资者就会起草一份投资条款清单，向创业者作出初步投资承诺。

6. 最终交易

在投资条款清单得到双方认可后，双方将签署最终交易文件，如股权购买协议、股东协议等。这些文件将详细规定投资的具体条件和细节。一旦签署完成，投资开始生效，风险投资者将按照约定向企业提供资金支持，并参与企业的管理和运营。

需要注意的是，以上程序可能会因具体项目和投资者而有所不同。但无论如何，风险投资都是一个严谨而专业的过程，需要投资者具备丰富的经验和专业知识。

三、私募股权投资

私募股权投资（Private Equity，PE）是股权融资领域中一种重要的投资方式，它主要面向具有一定发展基础和成长潜力的非上市企业进行权益性投资。PE 投资不仅为企业提供急需的资金支持，还常常伴随深度的管理介入和战略指导，旨在通过改善企业运营、推动业务扩张或实施并购重组等方式，实现企业价值的显著提升，最终通过 IPO、并购或管理层回购等方式实现资本退出并获得投资回报。

（一）私募股权投资的特点

1. 专业性强

PE 机构通常由经验丰富的投资团队组成，他们具备深厚的行业知识、敏锐的市场洞察力和丰富的资本运作经验。这些专业投资者能够准确评估企业的内在价值和发展潜力，为企业提供定制化的融资和增值服务。

2. 投资周期长

PE 投资通常涉及较大的资金规模，且投资周期较长，一般为 3 至 7 年甚至更长。这种长期的投资承诺有助于 PE 机构与被投企业建立更加紧密的合作关系，共同推动企业的长期发展。

3. 风险与收益并存

PE 投资主要面向具有成长潜力的非上市企业，这些企业往往面临较大的市场风险和经营风险。然而，一旦投资成功，PE 机构将能够分享企业快速成长带来的高额回报。

4. 增值服务丰富

PE 机构不仅为企业提供资金支持，还常常为企业提供战略规划、市场拓展、财务优化、人才引进等全方位的增值服务。这些服务有助于提升企业的核心竞争力和市场地位，为企业的快速发展奠定坚实基础。例如，腾讯在其发展历程中，曾多次获得私募股权投资的青睐。特别是在其初创阶段，腾讯面临着巨大的市场挑战和资金压力。此时，IDG 资本和盈科数码等 PE 机构看中了腾讯的即时通讯技术潜力和市场前景，决定对其进行投资。这些 PE 机构不仅为腾讯提供了急需的资金支持，还带来了丰富的行业经验和资源，帮助腾讯在激烈的市场竞争中脱颖而出，最终成长为全球领先的互联网科技公司。

(二) 私募股权投资的运作流程

1. 项目筛选与尽职调查

PE 机构通过广泛的渠道收集潜在投资项目信息并进行初步筛选。对符合投资标准的项目，PE 机构将进行深入的尽职调查，全面了解企业的财务状况、业务模式、市场前景等关键信息。

2. 投资决策与交易结构设计

在尽职调查的基础上，PE 机构将评估项目的投资价值和风险水平，并决定是否进行投资。同时，PE 机构还将与企业协商确定投资金额、股权比例、退出机制等关键条款，设计合理的交易结构。

3. 资金注入与管理介入

完成投资决策后，PE 机构将向企业注入资金，并成为企业的股东之一。同时，PE 机构将派遣专业团队入驻企业，参与企业的日常管理和战略决策，为企业提供必要的支持和指导。

4. 价值提升与资本退出

在投资周期内，PE 机构将与企业共同努力，通过改善经营、拓展市场、优化财务结构等方式提升企业价值。当企业达到一定的发展阶段或实现特定的业绩目标时，PE 机构将通过 IPO、并购或管理层回购等方式实现资本退出并获得投资回报。例如，美团点评在快速发展过程中，通过多轮融资引入了多家 PE 机构的投资。这些 PE 机构在投资前对其进行了详尽的尽职调查，评估了美团点评的市场地位、商业模式和营利能力。在决定投资后，PE 机构与美团点评共同设计了合理的交易结构，并注入了大量资金。随着美团点评业务的不断拓展和市场份额的提升，PE 机构通过其丰富的资源和经验，为美团点评提供了战略指导和管理支持。最终，美团点评成功在港交所上市，PE 机构通过 IPO 实现了资本退出并获得了丰厚的投资回报。

(三) 私募股权投资在大学生创业中的应用

对于大学生创业者而言，私募股权投资是一种宝贵的融资资源。虽然大学生初创企业往往规模较小、风险较高，但 PE 机构也越来越关注具有创新性和成长潜力的创业项目。大学生创业者可以通过以下方式吸引私募股权投资的关注。

1. 明确商业模式和市场定位

创业者需要清晰地阐述自己的商业模式和市场定位，展示企业的独特价值和创新点，这有助于吸引 PE 机构的注意并提升企业的投资价值。

2. 加强团队建设和管理能力

一个优秀的创业团队是吸引 PE 投资的重要因素之一。创业者需要注重团队建设和人才培养，提升企业的管理水平和执行能力。

3. 积极寻求外部资源支持

创业者可以通过参加创业大赛、路演活动等方式展示自己的项目并吸引潜在投资者的关注。同时，也可以积极寻求政府、高校等机构的支持和帮助。

4. 合理规划资金使用和未来发展

创业者需要制定详细的资金使用计划和未来发展规划，向 PE 机构展示企业的成长潜力和投资回报前景。这有助于增强 PE 机构的投资信心并促进双方的深入合作。

第五节　政府的创业扶持资金

创业作为推动经济增长和创新的重要动力，对于社会发展具有重要意义。然而，由于创业的高风险性，许多投资者对新创企业缺乏信心，民间资本参与度较低，导致创业资金匮乏，成为阻碍创业发展的主要因素之一。为了克服这一难题，各国政府纷纷采取措施，通过提供创业扶持资金，为创业者提供资金、管理、信息和服务等多方面的支持，以壮大创业资本，提高人们的创业投资积极性。

一、政府对创业的资金支持

在创业投资的过程中，新创企业的生命周期大致可以分为种子期、起步期、成长期和成熟期。其中，种子期和起步期是创业过程中最为关键也最为困难的阶段，因为此时企业面临的风险最高，失败率超过 70%，这导致大部分投资者对新创企业望而却步，民间资本难以有效参与，最终企业易因资金匮乏而陷入发展瓶颈。

为了支持创业投资，特别是在创业的早期阶段，各国政府纷纷采取措施，通过提供资金、管理、信息和服务等多方面的支持，来扶持这一具有极强创新能力但市场地位较为弱势的群体。其中，资金支持是最直接也是最有效的方式之一。

政府对创业的资金支持形式多种多样，包括但不限于全额的无偿拨款、贷款贴息、贷款担保等。这些措施大大降低了新创企业的融资成本，为它们提供了宝贵的资金支持。这些资金不仅能够帮助处于创业早期的创新企业摆脱困境，顺利进入创业的成熟阶段，还能够通过政府资金的示范效应，吸引更多的社会资金进入创业投资领域，形成良性循环。

国外实施创业投资较早的国家政府都有过对创业投资进行扶持的经验，并且这些经验至今仍在使用。这些成功的案例表明，妥善处理创业投资的发展问题，特别是解决中小创新企业融资难的问题，政府在资金、政策等方面的支持是至关重要的。在中国，政府也出台了一系列创业扶持政策，包括创业担保贷款、创业补贴、创业基金等，以鼓励和支持创业活动。这些政策不仅为创业者提供了资金支持，还为他们提供了管理咨询、市场信息、法律服务等全方位的支持，帮助他们在创业过程中少走弯路，提高成功率。

因此，政府在创业投资中发挥着不可替代的作用，通过提供资金支持和其他帮助，可以大大降低创业的风险和成本，提高创业的成功率，进而推动经济的持续发展和创新。

二、中国政府对创业的资金支持方式

中国政府对创业的资金支持方式广泛而深入，旨在通过多元化的资金支持手段，推动中小企业技术创新，鼓励技术创业，并引导社会资金加速科技成果转化。这些支持方式包括国家级基金、地方政府设立的基金、科技园区基金、产业创业投资公司以及国有企业创办的投资公司等。

（一）创新基金

1. 宗旨

旨在支持技术创新、鼓励技术创业、培养技术创新企业家、引导社会资金、加速科技成果转化。创新基金的目标是构建一个从技术研发到产品市场化的全链条支持体系。

2. 管理模式

创新基金采用政府部门决策和监督、专家咨询和指导、基金管理机构组织和实施的"三位一体"模式。这种模式确保了资金使用的透明度和效率，同时也保证了项目的专业性和针对性。

3. 评审内容

创新基金的项目评审内容广泛，包括项目技术水平、企业综合能力（如企业发展能力、项目技术创新性、项目产品市场、商业模式、企业财务状况和项目经济评价等）。这种全面而细致的评审方式确保了资金能够流向最有潜力和价值的项目。

（二）引导基金

1. 概念

引导基金是政府资金委托或参股专门化的投资机构或团队负责运作，通过引导基金的方式与民营创业投资机构合作。这种合作模式旨在通过政府资金的引导效应，吸引更多的社会资金参与创业投资。

2. 实践

如上海市政府设立的上海创业投资基金和深圳市政府设立的深圳创新投资公司，就是引导基金的成功实践。这些基金通过政府财政资金的引导，不仅带动了大量的民间资金和外资参与，还推动了当地创业投资产业的快速发展。

（三）政府对创业的其他资助方式

除了全国性的创新基金、引导基金和各地的创业投资引导基金外，中国政府对创业的支持从资本来源上还包括其他几种类型。

1. 地方政府设立的基金

为促进本区域经济的发展，各级地方政府纷纷设立专项基金支持创业活动。这些基金根据地方特色和优势产业，为创业者提供有针对性的资金支持。

例如，浙江省政府设立的"之江创客"计划，专注于支持互联网、人工智能、生物医药等高新技术产业领域的创业项目。通过提供资金、场地、培训等全方位的支持，帮助创业者快速成长。

2. 科技园区基金

科技园区基金是为孵化园区内的企业提供资金支持，以推动技术创新和创业发展。这些基金通常与科技园区的孵化器、加速器等创业服务机构紧密合作，为初创企业提供从创意到产品的全链条服务。

例如，北京中关村科技园区的中关村科技创业投资基金，就专注于投资园区内的初创科技企业，通过提供资金支持和创业服务，帮助这些企业快速成长。

3. 产业创业投资公司

产业创业投资公司针对特定产业领域进行投资，以推动产业创新和升级。这些公司通常由产业龙头企业或行业协会发起设立，利用自身在产业内的资源和优势，为创业者提供资金、技术、市场等多方面的支持。

例如，华为旗下的哈勃科技创业投资有限公司，就专注于投资半导体、云计算、人工智能等关键技术领域的初创企业，通过资本和技术的双重支持，推动这些企业快速成长。

4. 国有企业创办的投资公司

国有企业通过创办投资公司，利用自身资源和优势支持创业活动，促进产业升级和转型。这些投资公司通常具有强大的资金实力和产业背景，能够为创业者提供稳定可靠的资金支持。

例如，中国国新控股有限责任公司旗下的国新科创投资基金，就专注于投资新能源、新材料、节能环保等战略性新兴产业领域的初创企业，通过资金支持和产业协同，推动这些企业快速成长。

这些资金支持方式不仅为中小企业提供了必要的资金保障，还通过政府资金的引导效应，吸引了更多的社会资金参与创业投资，形成了多元化的创业投资体系。同时，这些支持方式也体现了中国政府对创业活动的高度重视和积极支持，为创业者提供了良好的创业环境和机遇。

三、获取政府的创业扶持资金

政府的创业扶持资金对于新创企业而言，是获取早期资金、降低创业成本的重要途径。然而，由于这些资金主要来源于财政预算，数量有限，因此申请者需要了解并遵循各基金的申请条件和程序，以提高获得资助的成功率。

（一）了解申请条件

每年，政府都会发布关于创新基金或引导基金的年度支持方向和重点。新创企业在申请之前，应首先了解这些支持方向，并评估自己的项目是否符合条件。一般而言，符合以下条件的企业有更大的机会获得资助。

1. 符合国家产业、技术政策

项目应与国家鼓励发展的产业方向和技术政策相符。

2. 市场导向

项目应具有较强的市场潜力和竞争力。

3. 创新性

项目应具有显著的创新性，包括技术创新、商业模式创新等。

4. 经济效益或社会效益显著

项目应能够带来明显的经济效益或社会效益。

（二）遵循申请程序

在确认项目符合条件后，企业应按照相关程序进行申请。以《科技型中小企业技术创新基金创业项目申请须知》为例，初创期科技型企业需要满足以下条件。

1. 企业法人资格

企业应具备独立企业法人资格，并在相关服务机构的抚育基地内注册和经营。

2. 注册资金限制

注册资金不超过 300 万元。

3. 成立时间

企业注册成立时间不超过 18 个月。

4. 团队能力

企业领导班子应具备较强的市场开拓能力、经营管理水平和创新意识。

5. 未承担过创新基金项目

申请企业之前未承担过创新基金项目。

（三）投资保障的两个阶段

政府创业扶持资金的投资保障通常分为"投资前资助"和"投资后资助"两个阶段。

1. 投资前资助

创业投资机构可以与"辅导企业"共同提出投资前资助申请。在申请前，创业投资机构应与"辅导企业"签订投资意向书，并出具辅导承诺书。一旦获得批准，引导基金可以给予"辅导企业"最高不超过 100 万元的投资前资助，主要用于补助高新技术研发的费用支出。

2. 投资后资助

经过创业辅导，创业投资机构实施投资后，创业投资机构与"辅导企业"可以共同申请投资后资助。引导基金可以根据情况，给予"辅导企业"最高不超过 200 万元的投资后资助，主要用于补助高新技术产品产业化的费用支出。

（四）履行承诺与报告义务

对于获得资助的企业和创业投资机构，需要履行相应的承诺和报告义务。如辅导期结束未实施投资，双方应提交专项报告说明原因。对于因非不可抗力而未按投资意向书和辅导承诺书履约的，政府有权收回投资前资助资金，并在相关媒体上公布违约名单。

综上所述，获取政府的创业扶持资金需要企业充分了解申请条件和程序，并严格按照要求执行。同时，企业还需与创业投资机构紧密合作，共同推动项目的顺利进行。

实践训练

训练一：选择题

1. 下列哪种融资方式不属于创业融资的主要来源？（　　　）

A. 天使投资　　　　　　　　　　B. 风险投资

C. 银行贷款　　　　　　　　　　D. 众筹

2. 天使投资通常不包括以下哪种特点？（　　　）

A. 倾向于投资初创期企业　　　　B. 投资金额较大

C. 投资者通常参与企业管理　　　D. 追求高回报

3. 私募股权投资的主要退出方式不包括？（　　　）

A. IPO 上市　　　　　　　　　　B. 股权转让

C. 企业回购　　　　　　　　　　D. 债务重组

4. 下列哪种融资方式风险最低？（　　　）

A. 天使投资　　　　　　　　　　B. 风险投资

C. 银行贷款　　　　　　　　　　D. 众筹

5. 在创业融资过程中，下列哪项不是投资者通常关注的重点？（　　　）

A. 团队背景　　　　　　　　　　B. 市场前景

C. 个人信用记录　　　　　　　　D. 营利能力

6. 风险投资主要关注企业的哪些方面？（　　　）

A. 短期利润　　　　　　　　　　B. 市场规模

C. 技术创新　　　　　　　　　　D. 固定资产

7. 在创业初期，当企业尚未形成稳定的营利模式和现金流时，创业者通常会优先考虑哪种融资方式？（　　　）

A. 天使投资　　　　　　　　　　B. 银行贷款

C. 风险投资　　　　　　　　　　D. 首次公开募股（IPO）

8. 下列哪种融资方式通常不涉及股权交换？（　　　）

A. 天使投资　　　　　　　　　　B. 风险投资

C. 银行贷款　　　　　　　　　　D. 私募股权投资

9. 创业公司在选择融资方式时，不需要考虑的因素是？（　　　）

A. 融资成本　　　　　　　　　B. 融资期限

C. 投资者背景　　　　　　　　D. 创始人个人喜好

10. 以下哪种融资方式通常不需要创业者立即偿还本金，而是通过未来企业的盈利或特定条件下的股权转换来回报投资者？（　　　）

A. 债务融资　　　　　　　　　B. 股权融资

C. 政府补助　　　　　　　　　D. 众筹

训练二：情景练习

假设你是一位创业公司的创始人，正在为公司下一阶段的发展筹集资金。请根据你的创业计划和融资需求，填写下面的融资计划表格，并简要说明你的融资策略。

融资计划表格

序号	融资项目	融资方式	目标融资金额	资金使用计划	预期回报
1	产品研发				
2	市场推广				
3	团队建设				
4	其他（请说明）				

说明要求：

（1）融资方式。填写你打算采用的融资方式，如天使投资、风险投资、银行贷款、政府补贴、众筹等。你可以为不同的融资项目选择不同的融资方式。

（2）目标融资金额。为每个融资项目设定一个合理的目标融资金额。这些金额应该基于你的详细预算和资金需求。

（3）资金使用计划。简要描述你将如何使用筹集到的资金。例如，对于产品研发，你可能需要购买设备、支付员工薪酬、购买原材料等。

（4）预期回报。说明你对投资者提供的预期回报。这可能包括股份、利润分成、未来IPO的潜在收益等。

（5）融资策略。在表格下方，简要说明你的整体融资策略。这可以包括你为何选择这些融资方式、你如何吸引投资者、你的时间表和下一步计划等。

08

第八章　创业风险防范

课程知识

第一节　创业风险的特征

创业风险是指企业在创业过程中存在的各种风险。构成创业风险的原因在于创业环境的不确定性、创业机会与创业企业的复杂性，以及创业者、创业团队与创业投资者的能力和实力的有限性。西方有这样一句谚语："除了死亡、税收外，没有什么是确定的。"在企业创业的过程中，套用这句谚语则可以改为：除了风险外，没有什么是确定的。这实际上是指出了风险存在的普遍性，风险事件的发生将给企业带来不同程度的损失。风险的这种普遍存在性使企业的风险管理工作具有了一般意义。它使企业可以预防可能出现的与其希望结果的较大偏差，以保证企业经营目标的实现，也使创业企业可以沿着正常的渠道健康成长。

创业风险主要具有如下几个特征。

1. 客观性和相关性

创业风险的客观存在性意味着它是普遍存在的，不以人的意志为转移。例如，创业环境的不确定性、创业机会与创业企业的复杂性，以及创业者、创业团队与创业投资者的能力与实力的有限性，都是创业风险的根本来源。

2. 可变性和可测性

创业风险也具有可变性和可测性的特征。随着时间的推移和内外部环境的变化，创业风险的大小和性质可能会发生变化。此外，通过一定的方法和手段，也可以对创业风险进行预测和评估。

3. 不确定性和损益双重性

创业风险的不确定性表现为无法准确预测和控制风险的发生和影响程度。同时，创业风险也具有损益双重性的特征，即风险带来的损失和收益并存，且往往相互转化。

对于创业者来说，充分认识和了解创业风险的特征和表现形式，有利于更好地制定和实施创业计划，降低风险发生的概率和影响程度。

第二节 创业风险的分类

创业风险的分类可以根据不同的维度和特征进行详细的划分。以下是几种常见的划分方式及其详细解释。

一、按风险来源的主客观性划分

1. 主观创业风险

主观创业风险是指由于创业者的身体与心理素质、知识技能等主观方面的因素导致创业失败的可能性。这包括创业者的决策能力、领导能力、市场洞察力等。例如，如果创业者的决策能力有限，可能无法正确判断市场趋势，导致错误的投资决策，如某新兴科技公司创始人因对市场趋势判断失误，盲目扩大生产规模，最终因库存积压而陷入困境。

2. 客观创业风险

客观创业风险是指由于市场变动、政策原因、竞争对手以及创业资金等客观问题导致创业失败的可能性。例如，经济波动、市场需求变化、法律法规变动等。在 2008 年全球金融危机期间，许多初创企业因资金链断裂而被迫关闭。

二、按风险的内容划分

1. 技术风险

技术风险是指在企业产品创新或技术应用过程中，由于技术因素导致创业失败的可能性。例如，技术难题、技术更新速度、技术人才的流失等。

2. 市场风险

市场风险是指市场主体从事经济活动所面临的赢利或亏损的可能性和不确定性，包括市场需求变化、市场竞争激烈、市场接受度等。例如，某餐饮连锁店在选址时未充分考虑周边竞争情况，导致客流量不足，业绩下滑。

3. 管理风险

管理风险由管理者的素质、决策风险、组织风险等所决定，包括管理不善、决策失误、组织结构不合理等。例如，某互联网公司因内部沟通不畅，导致项目进度延误，客户流失。

4. 资金风险

资金风险是指因资金不能适时供应而导致创业失败的可能性，包括筹资困难、资金流动不畅、资金链断裂等。例如，一家初创企业因融资困难，无法支撑运营和扩张，最终陷入困境。

5. 环境风险

环境风险指的是创业活动由于所处的社会环境、政策、法律环境变化或由于意外灾害发生而造成创业失败的可能性。例如，某出口型企业在国际贸易政策调整后，面临关税增加、订单减少的风险。

三、按风险对投入资金的影响程度划分

1. 安全性风险

安全性风险是指不仅预期实际收益有损失的可能，而且投资者投入的财产也可能蒙受损失。例如，投资一家高风险的初创企业，可能面临血本无归的风险。

2. 收益性风险

收益性风险是指投资者投入的资本和其他财产不会蒙受损失，但预期实际收益有损失的可能性。

3. 流动性风险

流动性风险是指资本、其他财产以及预期实际收益不会蒙受损失，但资金有可能不能按期转移或支付，造成资金运营的停滞。例如，一家企业因客户拖欠货款，导致资金链紧张，无法按时支付员工工资。

四、按创业过程划分

1. 机会的识别与评估风险

机会的识别与评估风险是指在机会识别过程中可能因信息获取量不足或把握不准确而导致的风险。例如，某创业者未能及时发现某个新兴市场的潜力，导致竞争对手先行一步。

2. 准备与撰写创业计划风险

准备与撰写创业计划风险是指在创业计划制订过程中可能会出现各种不确定性因素与制订者自身能力的限制情况。例如，某创业者在制订商业计划时，未能充分考虑市场需求和竞争情况，导致计划难以实施。

3. 确定并获取资源风险

确定并获取资源风险是指由于存在资源缺口，可能无法获得所需的关键资源或成本较

高。例如，某科技公司在研发新产品时，因缺乏关键技术和人才支持，导致研发进度受阻。

4. 新创企业管理风险

新创企业管理风险包括管理方式、企业文化、发展战略制定等各方面的风险。例如，某新创企业在快速扩张过程中，因管理不善导致内部矛盾频发，影响企业稳定和发展。

五、按创业与市场和技术的关系划分

1. 改良型风险

改良型风险是指利用现有市场和技术进行创业的风险。例如，一家传统的家具制造公司引入了环保材料和智能设计，提升了产品的竞争力。然而，这种改进可能面临技术实现的难题或消费者对新产品接受度不高的风险。

2. 杠杆型风险

杠杆型风险是指利用新市场、现有技术进行创业的风险。例如，一个专注于语音识别技术的公司决定将其技术应用于医疗诊断服务。虽然技术成熟，但进入新市场可能遇到法规限制、市场需求不确定等问题。

3. 跨越型风险

跨越型风险是指利用现有市场、新技术进行创业的风险。例如，某电商企业利用大数据分析技术提升用户体验和运营效率。尽管市场已经存在，但采用新技术可能会遭遇技术整合困难、数据隐私问题等挑战。

4. 激进型风险

激进型风险是指利用新市场和新技术进行创业的风险。例如，一家初创公司试图将区块链技术应用于供应链金融领域。这不仅需要克服技术上的难题，还需要面对市场的教育成本高、监管不确定性大等问题。

六、按创业中技术因素、市场因素与管理因素的关系划分

1. 技术风险

技术风险是指由于技术方面的因素及其变化的不确定性而导致创业失败的可能性。

2. 市场风险

市场风险是指由于市场情况的不确定性导致创业者或创业企业损失的可能性。

3. 代理风险

代理风险是指高级经营管理人才、组织结构以及生产管理等适应创业的快速增长或战胜创业企业危机阶段的动态不确定性因素的风险。例如，某企业在扩张过程中，因管理层对市场趋势判断失误导致投资决策失误，造成重大损失。

请注意，以上分类并非绝对，实际中创业风险的类型和表现可能会根据创业的具体情况而有所不同。创业者需要根据自身情况，结合市场、技术、资金等多方面的因素，全面评估和管理创业风险。

第三节　不同创业阶段的风险识别

识别风险是创业过程中不可或缺的一部分，它不仅是保障企业顺利前行的关键，更是企业长期发展的基石。创业者要对企业所面临的现实及潜在风险进行全面而细致地审视，判断其存在性、存在条件以及损害发生的可能性。在企业运营的各个阶段，风险呈现出多样性，且其影响深远，因此，风险识别成为创业过程中至关重要的一环。

风险识别主要包括两个核心方面：感知风险和分析风险。感知风险是风险识别的第一步，它要求创业者通过直觉、经验和观察，初步判断风险是否存在。而分析风险则是对感知到的风险进行深入的研究和评估，理解其性质、来源以及可能对企业造成的影响。

在创业的各个阶段，风险的存在具有一定的规律性，且与企业家、商机、资源等关键因素紧密相关。

一、企业家方面的风险

1. 决策风险

企业家在决策过程中可能因信息不对称、判断失误或缺乏经验而做出错误决策，导致企业损失。例如，某新兴科技公司的创始人因对市场趋势的误判，决定投入大量资源研发一款市场前景不明朗的产品，结果导致资金紧张，公司运营受阻。

2. 领导风险

企业家的领导能力和风格直接影响企业的运营效率和团队士气。例如，某创业公司CEO在快速扩张的过程中，对团队管理不善，导致内部矛盾频发，员工流失严重，企业发展受阻。

3. 创新风险

在追求创新的过程中，企业家可能面临技术难题、市场接受度低等问题。比如，某家创新型企业投入大量资源研发了一款新产品，但由于技术难题无法解决，导致产品无法按时上市，错过了市场机会。

二、商机方面的风险

1. 市场风险

市场需求的变化、竞争对手的策略调整等都可能给企业带来市场风险。例如，某电商平台在某一市场细分领域取得成功后，遭到众多竞争对手的模仿和围攻，市场份额迅速下滑。

2. 技术风险

技术更新换代迅速，企业可能因技术落后而失去竞争优势。例如，某传统制造业企业未能及时跟进新技术，导致生产效率低下，成本高昂，最终被市场淘汰。

3. 政策风险

政府政策的调整可能影响企业的运营成本、市场准入等方面。比如，某外资企业因国家税收政策的变化，导致运营成本大幅上升，市场竞争力下降。

三、资源方面的风险

1. 资金风险

资金风险是指企业可能面临筹资困难、资金流动性不足等问题。例如，某初创企业因资金紧张，无法按时支付员工工资和供应商货款，导致企业信誉受损，运营受阻。

2. 人力资源风险

关键人才的流失、招聘困难等都可能给企业带来人力资源风险。比如，某科技公司核心团队成员离职，带走了公司大部分技术资源和客户资源，导致企业陷入困境。

3. 供应链风险

供应链风险是指供应链中的供应商、物流等环节可能出现问题，导致企业无法正常生产或交付产品。例如，某食品企业因供应商质量问题导致产品被召回，给企业造成巨大损失。

通过对这些风险隐患的逐一分析，创业者可以对企业面临的风险状况有比较客观地认识。在创业过程中，创业者需要时刻保持警惕，积极采取措施应对各种风险，确保企业的稳定发展。同时，创业者也需要不断学习和提升自己的能力，以更好地应对未来可能出现的风险挑战。

对创业阶段的风险识别也可以从风险类型来分类，风险类型主要包括技术风险、市场风险、资金风险、团队风险、管理风险等，基于不同风险类型的创业阶段风险识别如表8-1所示。

表8-1 创业阶段风险识别

创业阶段	风险类型	风险识别
初始阶段	技术风险	(1) 技术方案可行性评估不足； (2) 技术难题无法有效解决； (3) 技术更新迭代速度过慢
	市场风险	(1) 目标市场规模不明确； (2) 市场需求预测不准确； (3) 竞争对手分析不足
	资金风险	(1) 初始资金不足； (2) 资金使用规划不合理； (3) 融资渠道有限
	团队风险	(1) 核心团队能力不足； (2) 团队成员配合默契度低； (3) 团队文化未形成

创业阶段	风险类型	风 险 识 别
成长阶段	冒进风险	（1）盲目扩大生产规模； （2）资源分散，效率降低； （3）财务状况恶化
	技术风险	（1）技术普及，竞争优势减弱； （2）技术更新速度滞后； （3）竞争对手技术模仿
	管理风险	（1）组织机构臃肿； （2）人力成本上升； （3）沟通渠道不畅
成熟阶段	市场风险	（1）市场需求变化，原有服务或产品不再受欢迎； （2）竞争对手赶超，市场份额下降； （3）技术、服务、管理等方面优势丧失
	创新风险	（1）创新意识减弱； （2）研发投入不足； （3）新产品/服务推出失败
	法律风险	（1）知识产权纠纷； （2）合同履行风险； （3）法规政策变化导致的合规问题
	财务风险	（1）现金流不稳定； （2）投资回报率低； （3）融资困难

请注意，这只是一个示例表格，实际的风险识别可能因行业、企业特点、市场环境等因素而有所不同。在创业过程中，创业者需要根据实际情况不断识别和评估风险，并制定相应的应对策略。

第四节　创业风险防范管理方法

在创业过程中，风险防范是确保企业成功和稳定发展的关键。市场调研作为创业风险防范的重要一环，有助于企业了解市场环境、消费者需求以及竞争对手情况，为企业的战略规划和决策提供有力支持。通过充分的市场调研和策略制订，企业可以更好地了解市场环境、消费者需求以及竞争对手情况，为企业的战略规划和决策提供有力支持。同时，制订风险管理策略和应急预案有助于企业降低风险影响，确保企业的稳定发展。

一、做好市场调研

在创业之前，进行充分的市场调研是不可或缺的一步。通过深入洞察市场趋势、了解消费者需求、分析竞争对手，创业者可以为自己的创业项目提供坚实的基础。市场调研不仅有助于发现市场机会，还能帮助创业者规避潜在风险，确保创业过程更加稳健。

1. 确定调研目标

创业者需要明确想要通过市场调研了解什么。是市场规模、目标客户群体的需求和偏好？还是竞争对手的情况？明确目标后，可以更有针对性地设计调研方案。

2. 收集二手资料

通过查阅相关行业报告、市场研究报告、学术论文等，可以更好地了解行业趋势、市场规模、竞争对手情况等信息。这些资料通常由市场研究机构或咨询公司发布。它们能够提供宏观的市场数据和趋势分析，帮助创业者快速了解市场概况。

3. 进行实地考察

创业者可亲自到市场上进行观察和调研，了解消费者需求、市场趋势和竞争情况。可以选择到相关行业展会、商业街、购物中心等进行实地考察。通过亲自走访销售点、观察消费者行为，创业者可以得到一手的市场动态和消费者反馈。

4. 进行问卷调查

设计问卷，针对目标受众进行调查，可以了解他们的需求、偏好和行为。通过问卷调查可以收集一手数据，采取线上或线下的方式，覆盖更广泛的受众，为市场分析提供实证支持。

5. 访谈专家

与行业专家、资深从业者进行访谈，可以了解行业趋势、市场竞争情况、消费者行为等。与行业内经验丰富的专家交流，可以快速获取行业的深层次信息和专业见解。这有助于创业者规避一些常见的市场陷阱和误区。

6. 分析竞争对手

对竞争对手的深入分析不仅可以帮助创业者了解市场格局，还能发现潜在的市场机会和威胁。通过分析竞争对手的成功和失败案例，可以为自己的创业项目提供宝贵的经验和教训。

7. 整理和分析数据

收集到的数据需要经过整理和分析才能转化为有用的信息。创业者可以利用统计软件或数据分析工具来处理数据，提取关键指标和趋势。

8. 制订对策

基于市场调研的结果，创业者需要制订相应的市场策略和行动计划。这些策略应考虑到市场需求、竞争环境以及自身的资源和能力。

通过执行这些步骤，创业者可以更加全面地了解市场状况，为创业项目的成功打下坚实的基础。同时，市场调研也是一个持续的过程，随着市场的变化，创业者需要不断更新和调整他们的市场策略。

二、制订详细的创业计划

制订一份详细的创业计划是创业成功的关键。这份计划应该包括市场分析、产品定位、营销策略、财务规划等多个方面。通过制订详细的创业计划，创业者可以清晰地了解自己的目标、资源、风险和挑战，为创业之路提供明确的规划和指导。同时，创业计划还能帮助创业者吸引投资者、合作伙伴等外部资源，为企业的发展提供支持。

1. 进行市场调研

（1）对目标市场进行深入研究，了解市场需求、消费者偏好、竞争对手情况以及行业趋势。

（2）收集和分析数据，为产品定位、市场策略和销售策略的制订提供有力依据。

例如，假设你打算开一家健康食品店。在市场调研阶段，你需要了解当地人对健康食品的需求程度，他们的购买习惯，以及市场上已有的竞争对手。通过数据分析，你发现本地消费者对有机、无添加的健康食品有着强烈的需求，而市场上的竞争对手主要集中在传统超市的有限选择中。

2. 明确商业模式

（1）确定产品或服务的定位，明确其独特性和竞争优势。

（2）确定目标客户群体，了解他们的需求和期望。

（3）设计营利模式，确保企业能够持续赢利并发展。

例如，针对健康食品店，若决定专注于提供高品质、有机、无添加的健康食品，以区别于传统超市，则目标客户群体主要是追求健康生活的年轻人和中产阶级家庭。那么营利模式将基于产品的高品质和独特性，通过合理的定价和良好的用户体验来实现。

3. 制订目标和战略

（1）设定短期和长期目标，确保它们与企业的愿景和使命相一致。

（2）制订实现这些目标的战略和措施，包括市场渗透、产品开发、品牌建设等。

例如，如果短期目标是在一年内开设两家分店，并积累一定的客户基础，长期目标是成为本地健康食品市场的领导者，那么为实现这些目标，可采取积极的营销策略，如社交媒体宣传、线下活动等，以吸引更多的潜在客户。同时，也可不断开发新产品，满足消费者的多样化需求。

4. 做好风险管理

（1）识别潜在的市场风险、技术风险、资金风险、人员风险等。

（2）针对每种风险制订预防措施和应对策略，确保企业能够应对各种挑战。

例如，在健康食品店的经营过程中，可能会面临原材料价格波动、供应链中断等风险。为应对这些风险，可以与可靠的供应商建立长期合作关系，并提前锁定一定数量的原材料。

同时，还需要建立灵活的供应链体系，以应对突发情况。

5. 制订运营计划

（1）详细描述企业的运营流程和执行步骤，包括产品研发、供应链管理、生产制造、市场营销等。

（2）确保每个环节都与整体战略和目标保持一致，提高运营效率。

例如，在健康食品店的运营计划中，需要详细描述从产品采购、存储、加工到销售的整个流程，需要确保产品的新鲜度和品质，同时优化库存管理以降低成本。在市场营销方面，需要制订详细的推广计划，包括线上线下的宣传活动和合作渠道。

6. 制订财务规划

（1）制订详细的财务预算和预测，包括收入、支出、利润等方面。

（2）通过财务数据来评估企业的运营状况和营利能力，为决策提供支持。

（3）规划资金筹集和使用，确保企业有足够的资金支持运营和发展。

创业者需要制订一份详细的财务规划，包括预计的销售额、成本、利润等，这可帮助其了解企业的营利能力，并提供决策依据。同时，还需要规划资金筹集渠道和使用计划，以确保企业有足够的资金支持其运营和发展。

7. 做好团队建设

（1）组建一个团结、专业且高效的团队，明确每个成员的职责和分工。

（2）制订团队成员的培训和发展计划，提高团队的整体能力和竞争力。

例如，在组建健康食品店的团队时，需要确保每个成员都具备相应的技能和经验，并可通过招聘或内部培训来提高团队成员的能力和素质。同时，还需要明确每个成员的职责和分工，以确保团队的高效运作。

8. 遵守法律和法规

（1）了解并遵守相关的法律法规和政策，确保企业的运营合法合规。

（2）咨询专业律师或法律顾问，确保企业在法律方面得到充分的保障。

例如，在经营健康食品店时，需要遵守相关的食品安全法规和商业法规。咨询专业律师或法律顾问，了解需要遵守的具体法规和要求，并确保企业在法律方面得到充分的保障。

9. 持续改进

（1）定期评估创业计划的执行情况，识别存在的问题和不足。

（2）根据市场变化和企业发展需要，及时调整和优化计划，确保企业持续发展。

例如，在健康食品店的经营过程中，需要定期评估创业计划执行情况，根据市场变化和企业发展需要进行调整，并根据消费者的反馈和市场需求开发新产品或调整营销策略。通过持续改进和优化计划，可以确保企业持续发展并保持竞争力。

10. 寻求专业建议

在制订创业计划的过程中，应寻求专业人士的意见和建议，如律师、会计师、投资顾问等。他们可以提供宝贵的指导和支持，帮助完善创业计划并降低风险。

例如，在制定健康食品店的创业计划时，可以咨询行业专家、专业律师来了解健康食品店开业资质。

▲ 三、合理利用资源

在创业过程中，资源的合理利用至关重要。创业者需要关注人力、物力、财力等方面的资源，并根据创业项目的实际需求进行合理配置。通过优化资源配置，创业者可以确保项目在关键领域得到足够的支持，提高创业效率。同时，合理利用资源还有助于降低创业成本，提高企业的营利能力。在资源有限的情况下，创业者需要善于发掘和利用外部资源，如政府支持、行业协会、合作伙伴等，共同推动企业的发展。

1. 合理利用技术

利用先进的技术是创业过程中提高效率、优化业务流程、降低成本的重要手段。例如，云计算、大数据分析、人工智能等技术的应用可以显著增强企业的竞争力。

然而，在利用技术时，需要确保技术与业务需求相匹配，避免盲目跟风。创业者应根据企业实际情况和市场需求，选择合适的技术解决方案。

2. 建立合作伙伴关系

与合作伙伴建立良好的合作关系可以为创业者提供强大的支持。合作伙伴可以是供应商、销售商、投资者等，他们可以提供资源、信息、经验等方面的帮助。

在选择合作伙伴时，创业者应注重合作伙伴的信誉、实力和经验，确保合作伙伴能够为企业带来实际的利益。

3. 优化人力资源

人力资源是创业过程中最重要的资源之一。优化人力资源可以帮助企业降低风险，提高运营效率。

创业者应注重招聘有经验、有能力的人才，并为员工提供培训和发展机会，以提高员工的技能水平和职业素养。同时，建立良好的企业文化，增强员工的归属感和凝聚力。

4. 管理现金流

现金流是企业运营过程中至关重要的一环。管理好现金流可以帮助企业降低风险，确保企业的稳健发展。

创业者应密切关注企业的收入和支出情况，制订合理的预算和财务计划。同时，加强财务风险管理，确保企业的现金流稳定和充足。

5. 灵活应对市场变化

市场变化是不可避免的，创业者需要灵活应对市场变化以降低风险。

在面对市场变化时，创业者应及时调整产品或服务策略，以满足市场需求。同时，积极拓展新的市场领域，寻找新的增长点。

6. 合理利用资本市场

资本市场是创业者获取资金和其他资源的重要渠道。合理利用资本市场可以降低创业风险，推动企业的快速发展。

创业者可以通过融资渠道获取资金支持，如银行贷款、风险投资、股权融资等。同时，关注资本市场动态，利用并购、重组等方式扩大企业规模，增强企业实力。

通过合理利用资源，创业者可以为企业创造更多的价值，降低创业风险，实现企业的稳健发展。在创业过程中，创业者需要不断学习和探索，以更好地应对市场挑战和风险。

四、建立风险管理机制

在创业过程中，建立完善的风险管理机制至关重要。通过及时识别和评估潜在风险，并采取相应的措施来规避或降低风险，可以确保企业的稳健发展。以下是关于如何建立风险管理机制的详细建议。

1. 制订风险管理计划

在创业初期，应当制订一份全面的风险管理计划。这份计划应包括风险的识别、评估、预防和应对措施。计划需要根据企业的具体情况和外部环境的变化进行定期更新和调整。

2. 建立风险评估机制

定期对企业面临的风险进行评估，确定主要风险点及其对企业运营和财务状况的潜在影响。评估过程应涵盖市场风险、技术风险、财务风险、运营风险等多个方面。对于评估出的风险，要确定相应的应对措施和优先级，确保资源得到合理分配。

3. 实施风险预防措施

根据风险评估的结果，采取预防措施来降低风险发生的可能性。例如，对于市场风险，可以通过市场调研和分析来预测市场需求和竞争情况，从而调整产品或服务策略。对于技术风险，可以加强与供应商的合作，确保技术供应的稳定性和可靠性。

4. 建立应急响应机制

对于已经发生的风险事件，要建立完善的应急响应机制。这包括快速响应流程、资源调配、危机处理和事后总结等环节。确保在风险事件发生时，企业能够迅速采取行动，将损失降到最低。

5. 建立风险管理团队

企业应组建一个专门负责风险管理的团队。这个团队应具备专业的风险管理和应对能力，以便在风险发生时能够迅速做出决策并采取行动。

风险管理团队应与其他部门保持密切沟通，确保风险信息能够及时传达和处理。

6. 培养员工的风险意识

企业应通过培训和教育增强员工的风险意识和风险管理能力，使员工意识到风险管理的重要性，并掌握应对风险的方法和技巧。

鼓励员工在日常工作中主动发现和报告潜在风险，形成全员参与的风险管理氛围。

7. 保持与利益相关者的沟通

与供应商、客户、投资者等利益相关者保持密切沟通，及时了解他们的需求和反馈。这有助于企业更好地应对可能出现的风险，并提前采取措施进行预防。

8. 建立风险管理文化

将风险管理融入企业文化中，使风险管理成为企业日常运营的一部分。这有助于形成全员参与风险管理的氛围，提高企业对风险的敏感度和应对能力。

通过以上措施的实施，企业可以建立完善的风险管理机制，确保创业过程稳健进行。在风险面前，企业能够迅速做出反应并采取有效措施进行应对，降低损失并抓住机遇实现发展。

五、优化团队结构

在创业过程中，拥有一个高效、卓越的团队是通往成功的核心力量。通过优化团队结构，精心调配每个成员的优势与专长，可以极大地提升团队整体的工作效率与项目质量。这不仅能让团队成员感受到自己的价值被认可，更能激发他们的工作热情和创新精神，形成强大的凝聚力和向心力。

1. 明确团队目标和职责

（1）确保每个团队成员都清楚了解团队的整体目标，以及他们个人在团队中的具体职责。这有助于减少工作重复和资源浪费，提高工作效率。

（2）定期进行目标回顾和更新，确保团队成员始终与团队目标保持一致。

2. 建立有效的沟通渠道

（1）优化团队沟通，确保信息在团队内部畅通无阻。可以采用多种沟通方式，如定期的团队会议、在线协作工具等。

（2）鼓励团队成员积极提出建议和问题，并及时回应他们的反馈，这有助于增强团队的凝聚力和合作能力。

3. 培养团队合作精神

（1）通过组织团队活动、培训等方式，增强团队成员之间的信任和合作精神。

（2）强调团队利益高于个人利益，鼓励团队成员为团队的成功而努力。

4. 建立合理的人力资源计划

（1）根据团队需求制订合理的人力资源计划，包括招聘、培训、晋升等方面。

（2）招聘具备专业能力和潜质的员工，为团队注入新的活力。

（3）提供持续的培训和发展机会，帮助团队成员不断提升个人能力和技能。

5. 合理分配资源

（1）根据团队成员的职责和能力，合理分配人力资源，确保每个岗位都有合适的人选。

（2）在物力、财力等资源方面，也要根据团队需求进行合理分配，避免资源浪费和短缺。

6. 建立风险管理机制

（1）在团队内部建立风险管理机制，及时发现和解决潜在的市场风险、财务风险、法律风险等问题。

（2）通过制订风险应对策略和预案，降低风险对团队的影响。

7. 鼓励创新和变革

（1）鼓励团队成员提出新的想法和建议，不断优化团队结构和流程。

（2）营造一种开放、包容的氛围，让团队成员敢于尝试新的方法和思路。

（3）设立创新奖励机制，激励团队成员积极参与创新活动。

通过以上措施的实施，可以打造一个高效、专业的创业团队。这样的团队不仅具备强大的凝聚力和合作能力，还能在不断变化的市场环境中保持竞争力，为企业的成功奠定坚实的基础。

六、关注政策变化

在当今日益多变的政策环境中，创业企业必须保持高度的警觉性和敏锐度，时刻关注政府政策的调整和变化。这些政策变化不仅涉及宏观经济政策、产业发展规划，还可能包括具体的行业标准、税收法规等，它们都可能对创业企业的运营和业务发展产生深远影响。关注政策变化并灵活调整策略是创业企业在快速变化的政策环境中保持稳健发展的关键。企业需要加强政策研究、提高政策敏锐度、加强与政府部门的沟通联系，并及时调整自身业务策略以应对政策变化带来的挑战和机遇。

1. 持续跟踪政策动向

密切关注国家或地方政府的政策发布，特别是与自身业务直接相关的政策。通过政府网站、行业协会、商会等渠道及时获取最新的政策信息，了解政策对行业和业务的具体影响。

2. 深入了解行业法规

对与行业相关的法规和标准保持敏感，如环保、安全等方面的规定。了解这些法规如何影响业务操作，并确保企业始终遵守相关法规，避免因违规而带来法律风险。

3. 关注税收政策变化

税收政策对创业企业的财务状况有重大影响。密切关注税收政策的变化，了解新政策对企业税负和现金流的影响，以便及时调整财务策略，确保企业的财务稳健。

4. 分析市场趋势以预测政策影响

通过分析市场趋势和消费者需求，预测政策变化可能对市场产生的影响。这有助于企业提前做好准备，调整业务策略以应对潜在的市场变化。

5. 建立广泛的信息网络

与政府机构、行业协会、商会等建立联系，构建一个广泛的信息网络。这有助于企业及时获取政策变化的信息和建议，为企业决策提供更多有价值的参考。

6. 参加政策培训课程和研讨会

积极参加相关政策培训课程和研讨会，深入了解政策变化的原因、影响以及应对策略。这不仅有助于企业更好地理解政策变化，还能为企业带来宝贵的行业洞察和经验分享。

七、注重财务管理

在创业征途中，财务管理无疑占据着举足轻重的地位。一个健全且规范的财务管理制度，不仅能够有效确保资金的合理使用和高效流动，还能显著减少因资金链断裂而带来的创业失败风险。创业者应建立健全的财务体系，严格控制成本，制订合理的融资策略，建立财务风险预警机制，并注重营运资本的管理。通过这些措施的实施，可以确保资金的稳健流动，降低创业风险，为企业的长期发展奠定坚实的基础。

1. 精心制订财务计划

在创业初期，创业者应制订一份详细的财务计划，涵盖预算、现金流预测和利润预估等。这份计划应基于实际数据和市场情况，充分考虑潜在的风险和变化。定期检查和更新财务计划，并据此制订应对策略，有助于降低财务风险。

2. 严格控制成本

创业者需要时刻关注企业的开支，并采取精打细算的管理方式。在创业初期，资金往往相对紧张，因此必须严格控制成本，避免浪费。这可以通过多种方式实现，如选择性价比高的供应商、采用节能措施等。

3. 制订合理的融资策略

了解各种融资方式，如自筹资金、银行贷款、天使投资等，并根据企业实际情况制订合适的融资策略。不同的融资方式具有不同的风险和成本，因此创业者需要权衡利弊，选择最适合自己企业的融资方式。

4. 建立财务风险预警体系

创业者应建立一套有效的财务风险预警体系，通过监测和分析关键财务指标，及时发现潜在的财务风险。一旦发现风险，应立即采取相应的措施进行防范和控制，以确保企业的稳健运营。

5. 强化营运资本管理

关注营运资本的管理，包括应收账款、存货、流动比率等关键指标。通过优化营运资本管理，可以提高企业的偿债能力和抗风险能力，确保企业资金的稳健流动。

6. 合理利用外部资源

在财务管理方面，创业者可以寻求专业财务顾问或会计师事务所的帮助。这些机构能够提供关于税收、成本效益等方面的专业指导，帮助创业者更好地降低财务风险，实现企业的稳健发展。

实践训练

训练一：选择题

1. 在创业过程中，以下哪种风险是最常见的？（　　　）

A. 市场风险　　　　　　　　B. 技术风险

C. 财务风险　　　　　　　　D. 法律风险

2. 创业者为防范财务风险，以下哪种做法最为有效？（　　　）

A. 盲目扩大生产规模　　　　B. 多元化融资渠道

C. 减少市场调研投入　　　　　　　　D. 忽视成本控制

3. 在团队建设中，防范团队风险的关键措施不包括？（　　　）

A. 加强团队凝聚力　　　　　　　　　B. 设立激励机制

C. 忽视员工培训　　　　　　　　　　D. 招聘优秀人才

4. 下列关于创业风险防范的说法，错误的是？（　　　）

A. 创业风险防范是创业成功的关键

B. 创业风险防范只需关注主要风险

C. 创业风险防范需要制定详细的计划

D. 创业风险防范需要持续关注和调整

5. 在创业过程中，法律风险的主要来源不包括？（　　　）

A. 知识产权纠纷　　　　　　　　　　B. 合同风险

C. 税收政策变动　　　　　　　　　　D. 市场竞争压力

6. 创业风险防范的主要措施包括哪些？（　　　）

A. 识别潜在风险　　　　　　　　　　B. 制定风险防范计划

C. 盲目扩大生产规模　　　　　　　　D. 定期评估风险

7. 技术风险防范的关键措施包括哪些？（　　　）

A. 建立技术研发团队　　　　　　　　B. 设立技术研发基金

C. 忽视市场调研　　　　　　　　　　D. 与高校、研究机构合作

8. 市场风险防范的主要措施包括哪些？（　　　）

A. 加大市场推广力度　　　　　　　　B. 忽视成本控制

C. 定期进行市场调研　　　　　　　　D. 差异化定位

9. 财务风险防范的关键措施包括哪些？（　　　）

A. 制定合理的财务计划　　　　　　　B. 减少市场调研投入

C. 多元化融资渠道　　　　　　　　　D. 严格控制成本

10. 团队风险防范的关键措施包括哪些？（　　　）

A. 加强团队建设　　　　　　　　　　B. 忽视员工培训

C. 设立激励机制　　　　　　　　　　D. 招聘优秀人才

训练二：企业风险防范分析

假设你正在筹备一家专注于智能家居产品创新的初创公司。在创业过程中，风险防范是确保公司顺利发展的关键。请结合你的创业知识和经验，分析该公司在创业过程中可能面临的主要风险，并提出相应的风险防范策略。

要求：

1. 至少识别出三种不同类型的风险（例如市场风险、技术风险、财务风险等）。

2. 对每种风险进行简要的描述，说明其潜在影响。

3. 为每种风险提出至少两种风险防范策略，并解释这些策略的有效性和实施要点。

4. 结合智能家居行业的特点和公司的创新性，给出针对性的建议。

09

第九章　创业计划书

学习目标

（1）知识目标：理解创业计划书的重要性，掌握创业计划书的基本结构，掌握创业计划书撰写的要点。

（2）能力目标：提高分析、策划、创新、实践和撰写创业计划书的能力。

（3）思政目标：培养创新创业精神，树立正确的价值观。

课程知识

第一节　创业计划书概述

一、创业计划书的概念

创业计划书是创业者为了展示其商业想法、分析市场机会、明确企业定位、规划运营策略以及寻求资金支持而编写的重要商业文件。它不仅是一份书面化的战略安排，也是创业者对未来企业发展的全面规划和行动指南。

具体来说，创业计划书应包括以下主要内容。

（1）商业前景展望。

创业计划书中应对创业项目的未来商业发展进行展望，明确其市场潜力和竞争优势。

（2）行业市场规模分析。

创业计划书中应深入研究项目所处行业的市场规模、增长趋势和竞争格局，为企业的市场定位提供依据。

（3）资源整合计划。

创业计划书中应列出企业所需整合的各种资源，如人力资源、财务资源、技术资源等，并制订获取和利用这些资源的计划。

（4）职能计划。

创业计划书中应制订各个职能部门的详细计划，如市场营销计划、生产计划、人力资源计划等，确保企业各部门能够协同工作，实现整体目标。

（5）短期与长期决策方针。

创业计划书中应明确企业在经营初期和未来几年的短期和长期发展目标，并制订相应的决策方针和战略规划。

同时，创业计划书也是创业者对自己理想和希望的具体化。虽然创业计划与实际运营过程可能会存在差距，但是一个明确的计划能够帮助创业者更好地应对市场变化，保持与市场发展同步。

需要注意的是，一份优秀的创业计划书虽然能够为企业带来很多好处，但它并不是创业成功的唯一因素。创业成功还需要创业者具备敏锐的商业嗅觉、快速的市场反应能力、优秀的团队和足够的资源支持。因此，在编写创业计划书时，创业者应注重其内容的真实性、可行性和前瞻性，同时也要保持灵活性和开放性，以便在实际运营中根据市场变化进行调整和优化。

二、创业计划书的类型

创业计划书作为创业者与潜在投资者、合作伙伴或政府机构沟通的桥梁，其内容和形式因目的不同而有所差异。以下是三种常见的创业计划书类型及其详细内容和案例。

1. 以融资为主要目的的创业计划书

以融资为主要目的的创业计划书主要用于向投资者展示企业的潜力和价值，以吸引他们的资金支持。此类创业计划书通常包括以下几个部分。

（1）计划概述：简要介绍创业项目和企业愿景，如一家初创科技公司希望开发一款智能健康监测设备，改善人们的健康管理方式。

（2）产业背景和公司概述：分析行业现状和发展趋势，介绍企业的基本情况，如行业增长迅速，市场需求大，而企业拥有独特的技术优势和团队实力。

（3）市场调查和分析：深入研究目标市场，评估市场规模和潜力，如针对智能健康监测设备市场的调查，发现目标用户群体广泛，市场潜力巨大。

（4）公司战略：阐述企业的发展战略、竞争策略和定位，如专注于技术研发，打造高品质产品，并通过线上线下渠道进行销售。

（5）项目总体进度安排：规划项目的实施时间表，如产品研发、测试、市场推广等阶段的具体时间安排。

（6）风险评估与应对措施：分析项目在运营过程中可能面临的主要风险（如市场风险、技术风险、财务风险等），并提出相应的应对措施和预案。

（7）财务预测：提供未来几年的收入预测、成本估算、利润表、现金流量表及资产负债表等关键财务指标。这些数据应基于合理的假设和市场调研，以展示公司的营利潜力和财务稳健性。

（8）融资需求与资金使用计划：明确说明融资的具体金额、用途（如产品研发、市场推广、运营扩张、团队建设等）及预期效果，阐述融资后公司的财务结构和股权结构变化。

（9）团队介绍：介绍核心团队成员的背景、专业技能、行业经验及在公司中的职责，展示团队的整体实力和协作能力。

（10）附录：包括市场调研数据、客户推荐信、专利证书、合作协议等支持性文件，以增强计划书的可信度和说服力。

案例：某家初创电动车企业为了融资，编写了详细的创业计划书，其中包括市场分析、竞争策略、产品规划、财务预测等内容。通过展示其独特的技术优势、市场需求和营利潜力，成功吸引了多家投资机构的关注，最终获得了数百万美元的融资。

2. 以争取他人合伙为主要目的的创业计划书

以争取他人合伙为主要目的的创业计划书主要用于吸引潜在的合作伙伴，共同开展创业活动。此类创业计划书通常包括以下几个部分。

（1）创业机会及其商业价值描述：阐述创业项目的市场机会和商业价值，如一个创新的电商平台项目，通过解决传统电商的痛点，提高用户体验和交易效率。

（2）新创企业拟提供的产品或服务以及可能的用户群：介绍企业的产品或服务，以及目标用户群体，如电商平台将提供全新的购物体验，吸引年轻消费者群体。

（3）可能的市场竞争与拟采取的市场策略：分析市场竞争环境，制订有效的市场策略，如通过差异化竞争、精准营销等手段，提高市场份额和用户黏性。

（4）可能的市场收益：预测项目可能带来的市场收益，如通过销售商品、广告收入等方式实现盈利。

（5）可能遇到的风险及对策：分析潜在风险，并制订相应的应对措施，如应对市场变化、技术风险等挑战。

（6）希望别人以怎样的方式参与：明确合作伙伴的角色和职责，如提供资金、技术、渠道等资源支持。

（7）将给新进入者哪些利益：说明合作伙伴可能获得的利益和价值，如分享企业未来的增长潜力、获得一定的股权回报等。

（8）有待与新进入者讨论的问题：列出需要进一步讨论和协商的事项，如合作细节、利益分配等。

案例：一家初创的社交媒体公司为了吸引技术合作伙伴，编写了详细的创业计划书。在书中，他们详细介绍了项目的市场机会、技术需求以及合作方式。通过展示项目的创新性和市场潜力，成功吸引了一家知名技术公司的关注，并达成了技术合作协议。

3. 以争取政府支持为主要目的的创业计划书

以争取政府支持为主要目的的创业计划主要用于向政府相关部门申请政策支持和财政资助。此类创业计划书通常站在政府审批的角度，包括以下几个部分。

（1）总论：简要介绍创业项目和企业愿景，如一个环保科技项目旨在开发新型环保材料，推动绿色产业发展。

（2）团队情况：介绍企业团队的经验和能力，如团队成员拥有丰富的环保科技研发经验和技术实力。

（3）产品的市场需求预测：分析目标市场的需求和潜力，如环保材料市场需求的快速增长趋势。

（4）项目的技术可行性：评估项目技术的成熟度和可实施性，如项目所依托的技术已经过多次实验验证，具备较高的可行性。

（5）项目实施方案：详细描述项目的实施步骤和计划，如技术研发、中试、市场推广等阶段的具体安排。

（6）投资估算与资金筹措：预测项目所需资金，并说明资金筹措渠道，如申请政府资助、企业自筹等。

（7）项目效益分析：分析项目的经济效益和社会效益，如项目对环保产业的推动作用、对就业的拉动作用等。

三、创业计划书的作用

创业计划书，作为创业者精心打磨的商业理念展现，其重要性远不止于一纸文件。它在多个关键领域扮演着举足轻重的角色，为创业者的成功之路铺设坚实的基石。以下是创业计划书在创业过程中发挥的主要作用。

1. 创业融资的"敲门砖"

在竞争激烈的商业环境中，资金如同企业的血液，是企业生存和发展的关键。对于初创企业而言，由于缺乏经营历史和信用记录，从传统渠道获得资金尤为困难。此时，一份高质量的创业计划书便成了吸引投资者的"敲门砖"。它能够向投资者清晰地展示企业的市场潜力、团队实力、竞争优势以及盈利前景，让投资者看到企业的未来和发展潜力，从而增加获得投资的可能性。

案例：Airbnb，一家全球知名的民宿预订平台，在创立初期也面临着资金短缺的困境。然而，创始人凭借一份详尽的创业计划书成功吸引了投资者的注意。这份计划书清晰地展示了 Airbnb 的市场需求、独特的商业模式以及盈利前景，最终帮助 Airbnb 获得了数百万美元的投资，为其后续的发展奠定了坚实的基础。

2. 有助于自我认识与定位

编写创业计划书的过程，实际上也是企业深入认识自身的过程。通过对计划书中各个部分的详细分析，企业可以从商业模式、市场定位、管理结构、财务状况和营销策略等多个角度，更全面地了解自己的优势和劣势。这种自我认识有助于企业在未来的经营活动中做出更明智的决策，"知己知彼，百战不殆"。

案例：特斯拉，一家专注于电动汽车制造的科技创新公司，在创业初期便明确了自身的市场定位和发展方向。其创业计划书详细分析了电动汽车市场的需求和竞争态势，提出了独特的商业模式和技术创新策略。这份计划书帮助特斯拉明确了自身的优势和劣势，为其后续的市场拓展和产品研发提供了有力的支持。

3. 提供战略思考与决策依据

创业计划书基于详尽的市场分析和数据研究，为企业提供了战略思考的框架。计划书勾勒出的创业蓝图可以作为企业未来发展的路线图，即使在遭遇干扰或挫折时，也能帮助企业保持正确的方向和节奏，减少失误。

案例：谷歌，全球最大的搜索引擎公司，在创业初期便凭借其独特的搜索引擎技术和创新的商业模式赢得了市场的认可。其创业计划书详细分析了搜索引擎市场的竞争格局和用户需求，提出了以用户体验为核心的搜索引擎战略。这份计划书为谷歌后续的产品研发和市场拓展提供了明确的指导方向，使其在全球搜索引擎市场中占据了领先地位。

4. 有助于团队创建与凝聚力提升

创业往往需要一个高效的团队来共同实现目标。创业计划书不仅是吸引潜在团队成员的"诱饵"，也是明确团队方向和各自职责的重要工具。通过计划书，团队成员可以更好地理解企业的愿景和目标，从而增强团队的凝聚力和执行力。

案例：苹果公司，一家全球知名的科技公司，其成功离不开一个高效且富有凝聚力的团队。在创业初期，苹果公司的创始人便通过一份详尽的创业计划书，明确了企业的愿景和目标，并吸引了众多优秀的人才加入团队。这份计划书不仅为团队成员提供了明确的工作方向，还激发了他们的创造力和工作热情，使苹果公司成为全球科技行业的领军企业。

5. 有助于获得政府和相关机构的支持

在我国，政府的支持和相关机构的资源对于创业项目的成功至关重要。政府通常会选择具有潜力和社会意义的项目进行资助。一份全面且专业的创业计划书，能够向政府机构清晰地展示项目的社会价值和商业潜力，从而增加获得政府支持和资源的机会。

案例：近年来，随着环保意识的提高和能源结构的调整，新能源项目成为政府支持的重点领域。一家专注于太阳能发电技术研发的创业公司，凭借其全面且专业的创业计划书，成功获得了政府的支持和资助。这份计划书详细分析了太阳能发电技术的市场前景和竞争优势，并提出了切实可行的技术研发和市场推广计划。最终，这家创业公司获得了政府的资金支持和技术指导，为其后续的发展提供了有力的保障。

综上所述，创业计划书在创业过程中发挥着多方面的关键作用，从融资、自我认识到战略决策、团队建设和获取外部支持等各个环节，都是创业者不可或缺的重要工具。因此，创业者应高度重视创业计划书的编写和完善工作，以确保其能够为企业的成功发展奠定坚实的基础。

四、创业计划书的六大要素

在寻求投资时，投资者往往会从多个角度审视创业计划书。其中，商业模式、市场、产品（服务）、竞争、管理团队和行动计划构成了创业计划书的六大核心要素。

1. 商业模式

商业模式是企业实现盈利的方式和途径，它决定了企业的运作方式和发展战略。一个成功的商业模式不仅要能够创造利润，还要能够持续地为顾客提供价值。在创业计划书中，创业者需要清晰地阐述其商业模式，包括价值主张、关键业务、关键资源、关键伙伴、客户细分、渠道通路、客户关系和成本结构等要素。

案例：Airbnb通过搭建一个在线平台，连接房东和房客，提供了一种全新的住宿方式。其商业模式的核心在于通过提供多样化的住宿选择和便捷的预订方式，满足顾客对于个性化、灵活化的住宿需求。同时，Airbnb还通过收取一定比例的预订费用来实现盈利。

2. 市场

市场是创业计划书中的重要部分，它涉及产品（服务）的潜在需求和市场容量。在创业计划书中，创业者需要详细分析目标市场的特点、市场规模、增长潜力和顾客需求。通过深入的市场调研，创业者可以了解目标市场的竞争格局、消费者行为和市场趋势等信息，为制订营销策略和规划企业发展提供有力支持。

案例：Uber通过深入分析城市交通出行市场的特点，发现传统的出租车行业存在服务不便、价格不透明等问题。因此，Uber利用移动互联网技术，推出了一款便捷的出行应用，满足了消费者对于高效、便捷的出行需求。同时，Uber还通过不断优化服务质量和拓展市场份额，成为全球领先的共享出行平台。

3. 产品（服务）

产品（服务）是创业计划书的核心内容之一。在创业计划书中，创业者需要详细描述产品（服务）的特点、优势、市场定位以及销售策略等。通过展示产品（服务）的独特性和创新性，创业者可以吸引投资者的关注。同时，创业者还需要说明产品（服务）的研发过程、生产成本和售价等信息，以便投资者了解产品（服务）的可行性和营利潜力。

案例：特斯拉（Tesla）以其电动汽车而闻名于世。在创业计划书中，特斯拉详细介绍了其电动汽车的技术特点、性能优势和环保理念等。通过展示电动汽车的独特性和创新性，特斯拉吸引了大量投资者的关注。同时，特斯拉还通过不断优化产品设计和提高生产效率，降低了生产成本和售价，进一步提高了产品的竞争力。

4. 竞争

竞争分析是创业计划书中不可或缺的部分。在创业计划书中，创业者需要详细分析竞争对手的情况，包括竞争对手的产品、营销策略、市场份额等。通过对比自身和竞争对手的优势和劣势，创业者可以制订出更具针对性的竞争策略。同时，创业者还需要预测未来可能出现的竞争对手和竞争态势，以便提前做好准备。

案例：在智能手机市场竞争中，苹果（Apple）凭借其独特的iOS操作系统和优质的用户体验，成功占据了高端市场。在创业计划书中，苹果详细分析了竞争对手的产品特点和市场策略，并针对性地推出了更具创新性和竞争力的产品。同时，苹果还通过不断研发新技术和拓展产品线，巩固了其在智能手机市场的领先地位。

5. 管理团队

管理团队是创业计划书中的重要部分，因为投资者往往认为一个优秀的团队是成功的关键。在创业计划书中，创业者需要详细介绍管理团队的组成、职责、经验和技能等。通过展示管理团队的实力和经验，创业者可以向投资者证明他们有能力将创业理念转化为现实，并带领企业走向成功。

案例：亚马逊（Amazon）的创始人杰夫·贝索斯（Jeff Bezos）在创业初期就组建了一支优秀的管理团队。这支团队由不同领域的专家组成，拥有丰富的行业经验和创新思维。通过共同努力和协作，亚马逊成功地将一个在线书店发展成了全球最大的电子商务平台之一。在创业计划书中，亚马逊详细介绍了其管理团队的组成和职责，并向投资者展示了他们的实力和经验。

6. 行动计划

行动计划是创业计划书的具体执行方案。它包括了产品设计、生产、运营、营销和财务等方面的计划。在创业计划书中，创业者需要详细描述如何将产品推向市场、如何设计生产线、如何定价以及如何开展营销活动等。同时，创业者还需要提供详细的财务计划，包括收入预测、成本分析和资金需求等。这些行动计划需要具有可行性和可操作性，以赢得投资者的信任和支持。

案例：在推广一款新型智能家居产品时，一家初创企业在创业计划书中详细描述了其行动计划。他们计划通过线上线下的方式开展营销活动，包括社交媒体推广、线上广告投放和线下体验店等。同时，他们还制订了详细的生产计划和财务计划，确保产品能够按时上市并实现盈利。通过这份详细的行动计划，这家初创企业成功吸引了投资者的关注和支持。

第二节 制订创业计划书

创业计划书是初创企业向投资者展示其商业理念、战略规划和财务预测的重要文件。一份成功的创业计划书不仅需要全面、准确地描述企业的各个方面，还需要遵循一定的撰写要求和格式。

一、创业计划书的基本要求

在撰写创业计划书时，需要满足以下几个基本要求，以确保能够吸引并打动投资者。

1. 力求准确

（1）向投资者全面、真实地披露与新创企业相关的信息，包括优势、劣势、机遇和威胁。

（2）展示对市场的深入了解和对自身业务的清晰认知，体现出与投资者合作的诚意。

（3）避免隐瞒实情、过分乐观或夸大其词，这些都会降低计划书的可信度。

2. 简明扼要

（1）创业计划书应简洁明了，直击要点，避免冗长和烦琐地叙述。

（2）尽可能用一句话或简洁的表述方式概括关键信息，使投资者能够快速理解企业的核心价值和商业模式。

（3）创业计划书的篇幅应适中，通常以30～50页为佳，避免过多或过少。

3. 条理清晰

（1）逻辑结构要清晰，按照重要性或时间顺序排列各个章节和段落。

（2）突出投资者最关心的问题，如产品介绍、市场分析、营销策略、财务预测等。

（3）使用图表、数据等辅助材料来增强信息的可读性和说服力。

4. 语言得体

（1）语言应准确、生动，避免使用过于复杂或晦涩难懂的词汇和句子。

（2）采用通俗易懂的表达方式，使投资者能够轻松理解创业计划书的内容。

（3）注意语言的礼貌性和专业性，展示企业的专业素养和合作态度。

5. 可信度高

（1）在创业计划书中提供充分的数据和证据来支持自己的观点和预测。

（2）通过市场调研、竞争分析等方式获取可靠的信息和数据。

（3）在财务预测方面，要进行合理的假设和预测，并说明这些预测的合理性和可靠性。

二、创业计划书的制订程序

创业计划书的制订是一个系统性的过程，它涉及多个阶段，每个阶段都有其特定的目标和任务。以下是创业计划书制订的五个主要阶段。

1. 创业计划构想细化

（1）初步构想。确定创业的核心思想，包括企业愿景、使命和核心价值观。

（2）框架搭建。根据初步构想，搭建创业计划书的整体框架，明确各个部分的内容和结构。

2. 开展市场调查

（1）行业研究。对目标行业进行深入分析，了解行业现状、发展趋势、市场规模等。

（2）企业访谈。与同行业内的企业和专业人士进行访谈，获取一手的市场信息和行业洞察。

（3）问卷调查。设计并发放问卷，收集目标市场的消费者需求、偏好等信息。

（4）市场调查公司。在必要时，可以委托市场调查公司进行专业的市场调研。

3. 竞争者调查

（1）识别竞争对手。确定潜在和直接的竞争对手。

（2）分析竞争态势。分析竞争对手的产品、定价、市场份额、营销策略等。

（3）战略评估。评估竞争对手对本企业的威胁程度，确定合作或竞争策略。

（4）编写竞争者提纲。准备一份1～2页的竞争者调查提纲，用于后续撰写创业计划书。

4. 财务分析

（1）收入预测。基于市场调研和竞争分析，预测企业的销售收入。

（2）成本估算。详细估算企业的运营成本，包括原材料、人工、租金等。

（3）资金需求。确定企业的资金需求，包括初始投资和后续运营资金。

（4）财务规划。制定详细的财务规划，包括利润表、现金流量表等。

5. 创业计划书的撰写与修改

（1）内容撰写。根据前面几个阶段收集到的信息，按照创业计划书的结构进行内容撰写。

（2）结构调整。确保创业计划书的内容逻辑清晰、条理分明，便于投资者阅读和理解。

（3）反复修改。在完成初稿后，进行多次修改和完善，确保信息的准确性和表述的清晰性。

（4）持续完善。在创业计划书完成后，根据市场变化和企业发展，不断对计划进行修订和完善。

通过以上五个阶段的制订程序，创业者可以系统地整理和分析企业的各个方面，从而制订出一份全面、详细且可行的创业计划书，为企业的成功发展奠定坚实的基础。

三、创业计划书的内容

创业计划书是创业者向潜在投资者、合作伙伴或金融机构展示其商业想法和计划的重要文档。它不仅是创业者自我梳理和规划的工具，更是吸引外部资源、获取信任和支持的关键。以下是一份创业计划书通常应包含的主要内容。

1. 封面或封页

（1）公司名称。例如，XYZ 科技有限公司。

（2）报告标题。例如，XYZ 科技有限公司创业计划书。

（3）日期。××××年××月××日。

（4）作者姓名和联系信息。创始人×××，联系电话：×××－××××－××××。

2. 内容索引和目录

提供创业计划书的结构概览，列出各章节的标题和页码。

3. 执行总结

概述整个创业计划，包括公司愿景、使命、产品或服务、市场定位、竞争优势、财务预测等关键信息。

例如：

愿景：XYZ 科技有限公司的愿景是成为领先的智能家居解决方案提供商。

使命：通过创新技术提升家庭生活的舒适度和便捷性。

产品：一款集成人工智能的智能家居控制系统。

市场定位：中高端消费群体，强调用户体验和品质生活。

竞争优势：先进的技术和卓越的用户界面设计。

财务预测：公司在前三年将实现稳步增长。

4. 企业介绍

（1）公司的历史背景（如果适用）。

（2）公司的法律结构（如有限责任公司、股份有限公司等）。

（3）公司的愿景、使命和价值观。

（4）公司的长期和短期目标。

例如，XYZ科技有限公司成立于××××年，专注于智能家居技术的研发和应用。公司采用有限责任公司形式，注册地为中国××省××市。公司的愿景是打造智能家居生态系统，提升人们的生活质量。短期目标是在一年内推出首款智能家居控制产品，并占领一定市场份额。

5. 产品（服务）描述

（1）详细描述产品或服务的特点、优势、用途。

（2）产品或服务的生命周期分析。

（3）与竞争对手产品的比较分析。

例如，XYZ智能家居控制系统能够连接和控制家中的各种智能设备。产品的核心优势在于其智能学习功能和简洁直观的用户界面。与竞争对手相比，XYZ的产品在易用性和兼容性方面更具优势。

6. 技术

（1）阐述产品或服务所依赖的技术或专利。

（2）技术研发的现状和计划。

（3）技术对竞争优势的贡献。

例如，XYZ科技有限公司拥有自主研发的智能家居控制算法和平台。公司在人工智能和物联网领域拥有多项专利和核心技术。技术研发计划包括持续优化算法、扩展设备兼容性等。

7. 管理团队和组织结构

（1）介绍管理团队的核心成员和他们的职责。

（2）展示公司的组织结构图。

（3）说明人力资源管理和团队建设的计划。

例如，创始人×××拥有多年的智能家居行业经验和丰富的技术背景。核心团队包括研发、市场、销售等部门的精英成员。组织结构图展示了各部门之间的协作关系和职责划分。

8. 市场分析

（1）目标市场的描述，包括市场规模、增长趋势、客户需求等。

（2）竞争对手分析，包括市场份额、竞争优势和劣势等。

（3）市场进入策略。

例如，目标市场为中高端消费群体，市场规模预计在未来几年将持续增长。竞争对手包括国内外知名的智能家居品牌。市场进入策略是通过优质的产品和创新的营销策略快速占领市场份额。

9. 营销计划

（1）营销策略，包括定价、促销、分销等。

（2）营销预算和预期效果。

（3）客户关系管理计划。

例如，定价策略采取市场渗透定价法，以较低的价格吸引用户。促销策略包括线上广告、社交媒体营销和线下体验店等。分销渠道包括线上电商平台和线下专卖店。

10. 生产计划

（1）详细描述产品或服务的生产过程。

（2）供应商选择和管理。

（3）生产设施和设备需求。

（4）质量控制和保证措施。

例如，生产过程采用先进的自动化生产线和严格的质量控制流程。供应商选择遵循严格的标准和评估流程。生产设施和设备需求根据市场需求进行动态调整。

11. 财务计划

（1）详细的财务预测，包括收入、成本、利润等。

（2）资金来源和使用计划。

（3）财务指标分析，如利润率、投资回报率等。

例如，财务预测显示公司在前三年将实现稳步增长，并在第三年实现盈利。资金来源包括创始人自筹、风险投资和银行贷款等。财务指标分析显示公司的投资回报率和利润率均处于行业领先水平。

12. 风险管理

（1）识别和分析潜在的风险因素。

（2）风险评估和应对策略。

（3）风险管理计划和监控机制。

例如，潜在风险包括技术风险、市场风险和管理风险等。风险评估和应对策略包括加强技术研发、灵活调整市场策略和加强团队建设等。风险管理计划和监控机制确保公司能够及时发现和应对潜在风险。

13. 退出策略

（1）阐述公司未来发展的可能性，包括扩张、并购或被收购等。

（2）为投资者制定明确的退出计划。

例如，公司未来发展的可能性包括扩张、并购或被收购等。为投资者制定明确的退出计划，包括 IPO、股权转让等方式。

创业者在编写创业计划书时，应根据具体项目和市场环境，灵活调整各部分内容的详略程度和侧重点，确保计划书能够全面、准确地展示公司的商业价值和潜力。假设 XYZ 科技有限公司已经成功推出了一款智能家居控制系统，并获得了市场的初步认可。在创业计划书中，可以具体描述该产品的功能特点、用户反馈和市场表现等。同时，可以展示公司的技术实力、团队能力和市场潜力，以吸引潜在投资者的关注和支持。此外，还可以结合具体的市场数据和行业趋势，进一步论证公司的商业价值和未来发展前景。

第三节 创业计划书范文

以下为智慧生活科技有限公司的创业计划书范文。在实际编写过程中，请结合公司具体情况和市场环境进行调整和完善。

一、封面与目录

公司名称：智慧生活科技有限公司
报告标题：智慧生活科技有限公司创业计划书
日期：[填写具体日期]
作者姓名和联系信息：[填写创始人姓名、职位、联系电话、邮箱等]
目录
执行摘要
公司介绍
产品/服务描述
市场分析
营销策略
组织结构与团队
生产与运营
财务计划
风险评估与应对
退出策略

二、执行摘要

愿景：成为全球领先的智能家居解决方案提供商。
使命：通过技术创新，让每一个家庭都能享受智能、便捷、舒适的生活。
产品：智能家居控制系统，涵盖智能照明、智能安防、智能环境控制等多个方面。
市场定位：中高端消费者市场，强调产品的品质、体验和售后服务。
竞争优势：技术领先、用户体验卓越、完善的售后服务体系。
财务预测：预计在第一年实现销售额××万元，第二年增长至××万元，第三年达到××万元。

三、公司介绍

成立时间：[填写具体年份]
公司类型：有限责任公司

注册地址：[填写具体地址]

愿景与使命：[共同执行摘要]

发展目标：短期内占领市场份额，长期成为全球智能家居行业领军企业。

四、产品/服务描述

产品特点：智能化、易操作、兼容性强、安全可靠。

核心技术：采用先进的物联网技术、云计算技术、大数据技术等。

产品系列：包括智能照明系统、智能安防系统、智能环境控制系统等。

生命周期分析：目前处于成长期，市场需求持续增长。

五、市场分析

目标市场：中高端消费者市场，预计市场规模在未来五年内将持续扩大。

竞争对手分析：主要竞争对手为国内外知名智能家居品牌，但市场份额较为分散。

市场趋势：随着消费者对智能家居需求的不断增加，市场规模将持续扩大。

市场进入策略：通过优质的产品和服务、创新的营销策略迅速占领市场份额。

六、营销策略

产品定价：采用市场渗透定价策略，以较低的价格吸引消费者。

促销策略：包括线上广告、社交媒体营销、线下体验店等多种方式。

渠道策略：通过电商平台、专卖店、合作伙伴等多种渠道销售产品。

七、组织结构与团队

组织结构：包括研发部、市场部、销售部、客服部等多个部门。

核心团队成员：包括创始人、技术总监、市场总监、销售总监等。

团队能力：团队成员均具备丰富的行业经验和专业技能。

八、生产与运营

生产基地：位于[填写具体地址]，拥有先进的生产设备和生产线。

质量控制：建立完善的质量控制体系，确保产品质量稳定可靠。

供应链管理：与优质供应商建立长期合作关系，确保原材料供应稳定。

九、财务计划

资金来源：包括创始人自筹资金、风险投资、银行贷款等。

资金使用计划：主要用于产品研发、市场推广、生产运营等方面。

财务预测：预计在未来三年内实现稳步增长，具体数据见附表。

十、风险评估与应对

主要风险：技术风险、市场风险、竞争风险等。

风险评估：对各类风险进行量化评估，确定风险等级。

应对策略：制定相应的应对措施，包括技术研发、市场调整、竞争策略等。

十一、退出策略

未来发展可能性：包括公司上市、被收购、扩大市场份额等多种可能性。

投资者退出方式：包括 IPO、股权转让、回购等多种方式。

实践训练

训练一：选择题

1.创业计划书的核心目的是什么？（　　　）

A. 获得融资　　　　　　　　　B. 宣传公司

C. 展示产品　　　　　　　　　D. 培训员工

2. 以下哪一项不是创业计划书通常包含的内容？（　　　）

A. 执行摘要　　　　　　　　　B. 产品价格表

C. 市场分析　　　　　　　　　D. 营销策略

3. 在创业计划书中，哪一部分通常最先被投资者阅读？（　　　）

A. 公司描述　　　　　　　　　B. 执行摘要

C. 财务规划　　　　　　　　　D. 附录

4. 创业计划书中的市场分析部分，主要关注哪些方面？（　　　）

A. 公司的内部流程　　　　　　B. 产品的技术参数

C. 目标市场的规模和趋势　　　D. 员工的培训和招聘

5. 创业计划书中的组织结构部分，不包括以下哪项内容？（　　　）

A. 各部门职能　　　　　　　　B. 公司文化

C. 核心团队成员　　　　　　　D. 股权分配

6. 在撰写创业计划书时，哪一项不是重要的考虑因素？（　　　）

A. 产品的创新性　　　　　　　B. 竞争对手的弱点

C. 潜在市场的规模　　　　　　D. 公司的长期愿景

7. 创业计划书中的资金需求和财务规划部分，主要关注什么？（　　　）

A. 产品的生产成本　　　　　　B. 公司的市场占有率

C. 投资者的个人背景　　　　　D. 公司的营利预测和资金需求

8. 哪一项不是创业计划书附录中可能包含的内容？（　　　）

A. 市场调研报告　　　　　　　B. 财务报表

C. 竞争对手的详细情况　　　　　　D. 专利证书

9. 创业计划书在创业过程中的主要作用是什么？（　　）

A. 展示公司现状　　　　　　　　　B. 为公司提供法律保障

C. 吸引投资者和合作伙伴　　　　　D. 培训新员工

10. 在撰写创业计划书时，以下哪项建议是不恰当的？（　　）

A. 使用简单的语言，避免过于专业的术语

B. 详细描述所有细节，即使它们与投资者无关

C. 强调公司的竞争优势和独特卖点

D. 展示公司的长期愿景和增长潜力

训练二：

假设你正在策划一个专注于环保科技领域的创业项目，请编写一份详细的创业计划书大纲，并解释每个部分的重要性和撰写要点。同时，请思考并回答以下问题：在撰写创业计划书时，如何确保计划的可行性和吸引力，以吸引潜在投资者和合作伙伴？

要求：

1. 创业计划书大纲应包含以下基本部分：执行摘要、公司描述、市场分析、组织结构和管理团队、服务或产品线、营销和销售策略、资金需求和财务规划、附录。

2. 在解释每个部分的重要性和撰写要点时，请结合环保科技领域的特性，给出具体的建议。

3. 在回答如何确保计划可行性和吸引力的问题时，请从市场调研、产品差异化、团队实力、商业模式创新等方面进行分析。

参 考 文 献

[1]　杰弗里·蒂蒙斯，小斯蒂芬·斯皮内利. 创业学案例[M]. 周伟民，吕长春，译. 北京：人民邮电出版社，2005.

[2]　戚风. 眼界决定你的高度：任正非给创业者的人生智慧课[M]. 北京：台海出版社，2019.

[3]　刘润. 底层逻辑：看清这个世界的底牌[M]. 北京：机械工业出版社，2021.

[4]　徐淼. 一本书看懂商业模式：看懂商业模式，改变你的人生[M]. 北京：中国商业出版社，2022.

[5]　王承业. 创业第一年要考虑的 16 件事[M]. 上海：立信会计出版社，2017.

[6]　邓超明，刘杨，代腾飞. 赢道：成功创业者的 28 条戒律[M]. 北京：清华大学出版社，2009.

[7]　埃里克·莱斯. 精益创业：新创企业的成长思维[M]. 吴彤，译. 北京：中信出版社，2012.

[8]　张诗信，王学敏. 合伙人制度顶层设计[M]. 北京：企业管理出版社，2018.

[9]　史蒂文·霍夫曼. 穿越寒冬：创业者的融资策略与独角兽思维[M]. 周海云，译. 北京：中信出版社，2020.

[10]　樊登. 低风险创业[M]. 北京：北京联合出版公司，2022.

[11]　施有朋. 轻创业：低成本打造小而美公司[M]. 北京：台海出版社，2018.

[12]　符蕾. 企业沙盘模拟实训教程[M]. 沈阳：辽宁大学出版社，2012.

[13]　诺姆·沃瑟曼. 创业者的窘境[M]. 七印部落，译，武汉：华中科技大学出版社，2017.

[14]　肖星. 一本书读懂财报[M]. 杭州：浙江大学出版社，2022.

[15]　吕森林，申山宏. 创业从一份商业计划书开始[M]. 北京：电子工业出版社，2019.

[16]　樊登. 可复制的领导力：樊登的 9 堂商业课[M]. 北京：中信出版社，2022.

[17]　何建湘. 创业者实战手册[M]. 北京：中国人民大学出版社，2015.

[18]　陶陶，王欣，封智勇，等. 创业团队管理实战[M]. 北京：化学工业出版社，2018.

[19]　何维克. 创业从 0 到 1：开启财富与机遇的秘密[M]. 北京：民主与建设出版社，2016.

[20]　杨莉. 创业，请从会用人开始[M]. 南宁：广西科学技术出版社，2017.

[21]　肖智润. 企业战略管理：方法、案例与实践[M]. 2 版. 北京：机械工业出版社，2018.

[22]　王颖驰. 创业融资：运作方式及财务管理[M]. 北京：机械工业出版社，2018.